kulachëk

Counterprint Books

FOREWORD
JON DOWLING

Anna Kulachëk, a Ukrainian-born graphic designer now based in New York City, has become a prominent figure in the design world, renowned for her distinctive style and impactful creations. Her impressive client roster includes esteemed entities such as MoMA, La Triennale di Milano, Nike, Apple, Calvin Klein, and Prada, attesting to her widespread influence and recognition. Kulachëk's journey from her Ukrainian origins to her current status as a world-renowned creative is a testament to her talent and perseverance. Her work has not only captivated audiences but has also seen her become an AGI member and earn acclaim from prestigious galleries and museums, including Sotherby's, NMK and The Szołayski House.

Reflecting on her formative years, Kulachëk's passion for design blossomed at a remarkably young age, igniting her creative journey at just 7 or 8 years old. Following her education, a pivotal moment in Kulachëk's trajectory was her residency at the Fabrica Benetton research center, where she had the freedom to explore and refine her design aesthetic, laying the foundation for her future endeavours.

Kulachëk's artistic voice resonates with confidence, often characterised by a minimalist approach featuring simple typefaces, primary colours, and geometric shapes. While her portfolio encompasses a diverse range of mediums, from website design to packaging and spatial design, she finds particular fulfilment in crafting event identities. This realm allows her to push creative boundaries, experiment with different formats, and develop design systems applicable across various platforms.

An essential chapter in Kulachëk's career unfolded during her tenure as the art director at the Strelka Institute for Media, Architecture, and Design in Moscow. In this role, she led visual initiatives for public and educational programmes, as well as overseeing art direction for Strelka Press, the institute's publishing arm. Kulachëk played a pivotal role in adapting Strelka's visual strategies to suit diverse programming needs.

The time constraints inherent in her role spurred Kulachëk to develop a streamlined system for one-off posters, drawing inspiration from the original identity by OK-RM, while incorporating elements of her own style and taking it into entirely new directions, developing a language for the organisation that is wholly original. Her intuitive approach, though born out of necessity, has become an integral part of Strelka's brand identity over time, characterised by clarity and effectiveness in conveying essential information.

Kulachëk's vibrant visual language, characterised by bold colours and clean compositions, has emerged as her trademark. While typography remains fundamental, she emphasises the harmonious interplay between colour and composition to create visually engaging narratives that resonate with audiences on a profound level.

This monograph provides a timely overview of a prolific talent. Much of her large body of work is gathered here for the first time and it suggests a restless designer who is in continuously trying to stretch her own creative boundaries and forge new paths in the world of art and design.

CONTENTS

DESIGN

STRELKA INSTITUTE

21.05.2014
20:00

АНГЛИЙСКИЙ
С ПЕРЕВОДОМ
НА РУССКИЙ

ENGLISH
WITH RUSSIAN
TRANSLATION

ЛЕКЦИЯ

Тео Янсен:
Искусственные
формы жизни

Голландский изобретатель и философ расскажет
о своих живых скульптурах, созданных
на стыке искусства, науки и технологии

polymus.ru

двор

strelka.com

courtyard

LECTURE

Theo Jansen:
Artificial forms
of life

Dutch inventor and philosopher will talk about
his living sculptures, that was created at the intersection
of art, science and technology

POLY TECH

STRELKA

ИНСТИТУТ

INSTITUTE

ПОЛИТЕХ
НА СТРЕЛКЕ
ЛЕТО 2014

POLITECHNIC
MUSEUM
AT STRELKA
SUMMER 2014

БЕСПЛАТНО,
НЕОБХОДИМА
РЕГИСТРАЦИЯ

FREE,
REGISTRATION
REQUIRED

ПРИ ПОДДЕРЖКЕ / SUPPORTED BY

МЕГАФОН

ПОДРОБНЕЕ
НА STRELKA.COM
И В ПРИЛОЖЕНИИ
STRELKA ДЛЯ IOS
И ANDROID

FOR MORE
INFORMATION
VISIT STRELKA.COM
OR DOWNLOAD
STRELKA APP FOR IOS
AND ANDROID

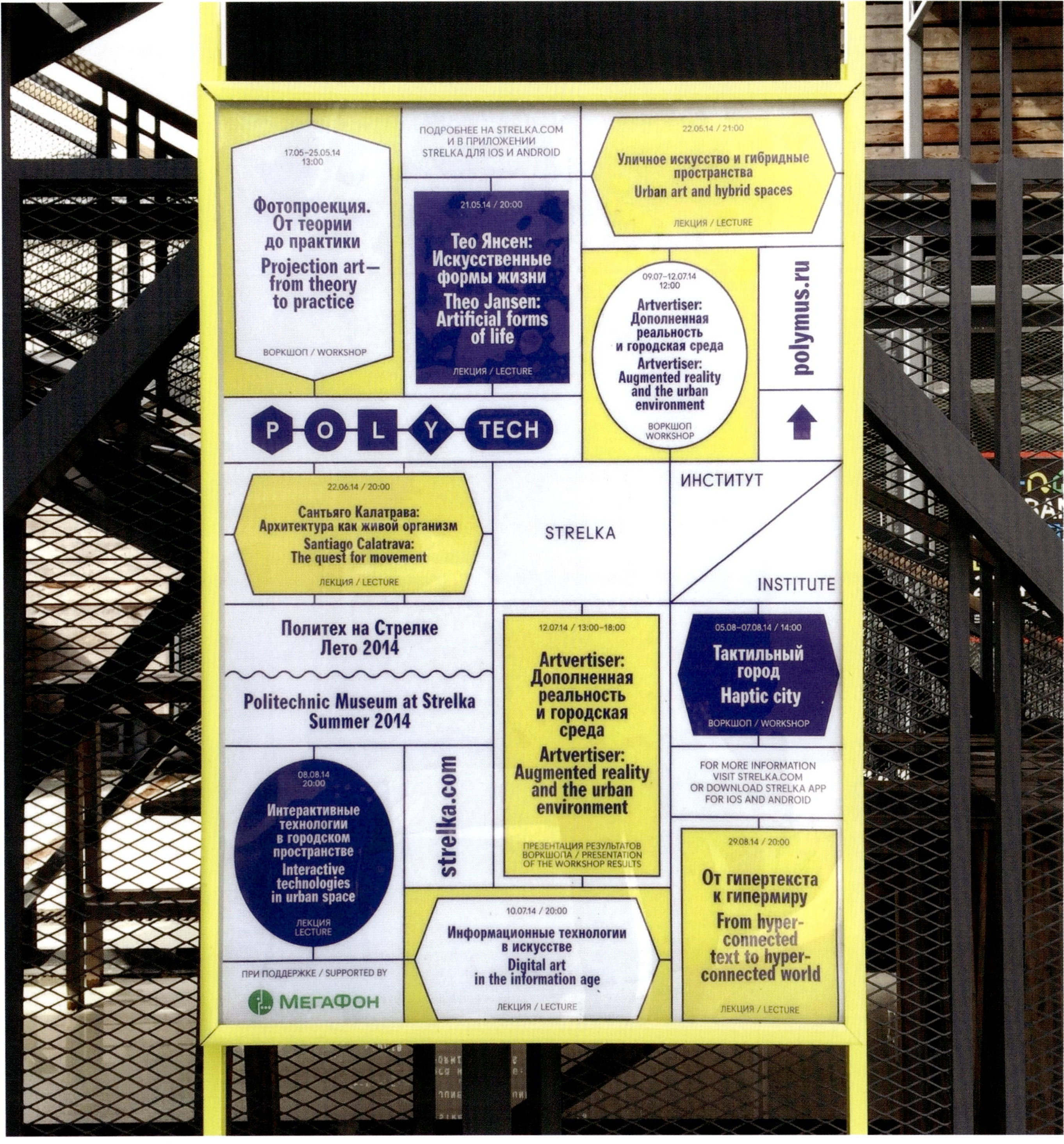
17.05–25.05.14
13:00

Фотопроекция.
От теории
до практики

Projection art—
from theory
to practice

ВОРКШОП / WORKSHOP

ПОДРОБНЕЕ НА STRELKA.COM
И В ПРИЛОЖЕНИИ
STRELKA ДЛЯ IOS И ANDROID

21.05.14 / 20:00

Тео Янсен:
Искусственные
формы жизни

Theo Jansen:
Artificial forms
of life

ЛЕКЦИЯ / LECTURE

22.05.14 / 21:00

Уличное искусство и гибридные
пространства
Urban art and hybrid spaces

ЛЕКЦИЯ / LECTURE

09.07–12.07.14
12:00

Artvertiser:
Дополненная
реальность
и городская среда
Artvertiser:
Augmented reality
and the urban
environment

ВОРКШОП
WORKSHOP

polymus.ru

POLY TECH

ИНСТИТУТ

STRELKA

INSTITUTE

22.06.14 / 20:00

Сантьяго Калатрава:
Архитектура как живой организм
Santiago Calatrava:
The quest for movement

ЛЕКЦИЯ / LECTURE

Политех на Стрелке
Лето 2014

Politechnic Museum at Strelka
Summer 2014

12.07.14 / 13:00–18:00

Artvertiser:
Дополненная
реальность
и городская
среда

Artvertiser:
Augmented reality
and the urban
environment

ПРЕЗЕНТАЦИЯ РЕЗУЛЬТАТОВ
ВОРКШОПА / PRESENTATION
OF THE WORKSHOP RESULTS

05.08–07.08.14 / 14:00

Тактильный
город
Haptic city

ВОРКШОП / WORKSHOP

FOR MORE INFORMATION
VISIT STRELKA.COM
OR DOWNLOAD STRELKA APP
FOR IOS AND ANDROID

08.08.14
20:00

Интерактивные
технологии
в городском
пространстве
Interactive
technologies
in urban space

ЛЕКЦИЯ
LECTURE

strelka.com

10.07.14 / 20:00

Информационные технологии
в искусстве
Digital art
in the information age

ЛЕКЦИЯ / LECTURE

29.08.14 / 20:00

От гипертекста
к гипермиру

From hyper-
connected
text to hyper-
connected world

ЛЕКЦИЯ / LECTURE

ПРИ ПОДДЕРЖКЕ / SUPPORTED BY

МЕГАФОН

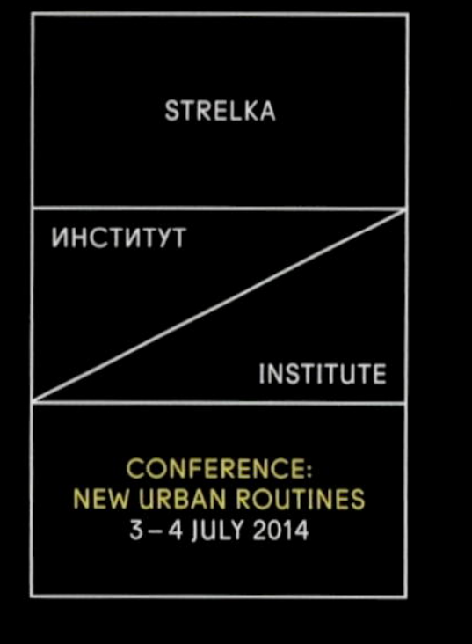

DAY 1: THURSDAY, 3 JULY 2014

12:00 – 12:15 WELCOMING REMARKS
Anastassia Smirnova, Strelka Institute,
SVESMI Bureau

PART I. VALUES & BELIEFS
OF THE EVERYDAY

12:30 – 13:45 DECIPHERING
MOSCOW EVERYDAY
Keynote Address
Grigory Revzin, Strelka KB

14:00 – 16:00 IDEAL ROUTINES
Short Presentations
Moderator: Brendan McGetrick,
Strelka Institute

→ THE BURNING MAN:
A CITY AND AN EXPERIENCE
Meghan Rutigliano,
Burning Man Project

→ KIBBUTZIM: FUTURE OF THE PAST
Yuval Yasky, Architecture Department
at Bezalel Academy of Art and Design

→ NETWORK INTERIORS, THE FUTURE
AND THE CASE OF MONTREAL
Mark Pimlott, TU DElft

14:00 – 16:00 DEAL ROUTINES
Panel discussion
Moderator: Brendan McGetrick,
Strelka Institute
Participants: Kirill Asse (Bureau Brodsky),
Mark Pimlott, Meghan Rutigliano,
Dean Simpson, Yuval Yassky

PART II. TOWARDS THE NEW
ROUTINES & RITUALS

17:00 – 18:15 BIG CITY BETWEEN
FESTIVE AND ROUTINE
Keynote Address
Boris Dubin, sociologist, researcher

18:30 – 19:30 NEW URBAN RITUALS
Panel Discussion
Moderator: Victor Vakhstein,
sociologist, Academy of National
Economy and Public Administration
Participants: Dmitriy Volkostrelov,
Theatre Director Andrey Korbut,
Higher School of Economics
Mikhail Aleekseevsky, Strelka KB

20:00 – 21:00 SMELL IS INFORMATION
Public Interview
Sissel Tolaas, researcher, professional
"in-betweneer", smell specialist
in conversation with Anastassia
Smirnova, Strelka Institute

DAY 2: FRIDAY, 4 JULY 2014

PART III. PROGRAMMING
THE ORDINARY
Introduction by Anastassia Smirnova

13:00 – 14:30 (EXTRA) ORDINARY
Winy Maas, architect, MVRDV
Keynote Address

14:45 – 16.45
Short talks marathon

→ 14:45 – 15:15 THE INVISIBLE
ROUTINES: ON LOGISTICS
Clare Lyster, UIC

→ 15:15 – 15:45 REDEFINING EVERYDAY:
8 SMALL JAPANESE HOUSES
Kayoko Ota, commissar of the Japan
pavilion at the Venice Biennale 2014

→ 15:45 – 16:15 LEARNING
FROM INTERIORS
Sébastien Martinez Barat,
Benjamin Lafore, Sarah Levy, curatorial
team of the Belgium pavilion team
at the Venice Biennale 2014

→ 16:15 – 16:45 HOW BIG BUSINESS
FORMATS SMALL THINGS
David Erixon, Hyper Island

17:30 – 18:30 PROGRAMMING
THE ORDINARY
Panel Discussion
Moderated by Anastassia Smirnova
Participants: Clare Lyster, David Erixon,
Sarah Levy, Kayoko Ota

18:45 – 20:30 URBAN ROUTINES
IN THE STUDIOS: CARS, OFFICES,
RETAIL AND DWELLING
Strelka Student Exhibition Tour

Curators of the conference:
Anna Krasinskaya
Anastasia Smirnova

КОНФЕРЕНЦИЯ
ЧАСТЬ I : ЦЕННОСТЬ ОБЫДЕННОГО
МАРК ПИМЛОТТ
ДИЗАЙНЕР АРХИТЕКТУРЫ
МЕГАН РУТИЛЬЯНО
ОРАНИЗАТОР ПРОЕКТА BURNING MAN
ГРИГОРИЙ РЕВЗИН
АРХИТЕКТУРНЫЙ КРИТИК, ПАРТНЕР КБ «СТРЕЛКА»
ЧАСТЬ II : НОВЫЕ РУТИНЫ И
БОРИС ДУБИН
СОЦИОЛОГ КУЛЬТУРЫ
ДМИТРИЙ ВОЛКОСТРЕЛОВ
ТЕАТРАЛЬНЫЙ РЕЖИССЕР
РИТУАЛЫ
СИСЕЛЬ ТОЛААС
ИССЛЕДОВАТЕЛЬ И ПРОЕКТИРОВЩИК ЗАПАХОВ
ВИНИ МААС
ОСНОВАТЕЛЬ АРХИТЕКТУРНОГО БЮРО MVRDV
ЧАСТЬ III : ПРОЕКТИ
РОВАНИЕ
КЛЕР ЛИСТЕР
ЭКСПЕРТ В ОБЛАСТИ ИНФРАСТРУКТУРЫ ГОРОДОВ
ПОВСЕДНЕВНОСТИ
НОВАЯ
ПРИ ПОДДЕРЖКЕ / SUPPORTED BY
МЕГАФОН
Главная конференция «Стрелки» этого года о том, что такое новая повседневность, из чего она складывается и как сам город меняется вместе с ней
ПОВСЕДНЕВНОСТЬ
3–4 ИЮЛЯ 2014

ИНСТИТУТ
INSTITUT
КОНФЕРЕНЦИЯ: НОВАЯ ПОВСЕДНЕВНОСТЬ
3–4 ИЮЛЯ 2014
ДЕНЬ 1. 3 ИЮЛЯ, ЧЕТВЕРГ
12:00 – 12:15 ВСТУПИТЕЛЬНОЕ СЛОВО
Анастасия Смирнова, Институт «Стрелка», бюро SVESMI
ЧАСТЬ I. ЦЕННОСТЬ ОБЫДЕННОГО
12:30 – 13:45 СПЕЦИФИКА МОСКОВСКОЙ ПОВСЕДНЕВНОСТИ
Григорий Ревзин, КБ «Стрелка»
14:00 – 16:00 ИДЕАЛЬНЫЙ БЫТ
Короткие лекции
Ведущий: Брендан Макгетрик, Институт «Стрелка»
→ THE BURNING MAN: ГОРОД И ОПЫТ
Меган Рутильяно, проект Burning Man
→ ГОРОДСКОЙ КИБУЦ БУДУЩЕЕ ПРОШЛОГО
Ювал Ясский, Факультет архитектуры, Академия искусств «Безалель»
→ ИНТЕРЬЕР КАК «СЕТЕВОЕ ПРОСТРАНСТВО». ПРОЕКТЫ ДЛЯ БУДУЩЕГО И ГОРОД МОНРЕАЛЬ
Марк Пимлотт, Дельфтский технологический университет
14:00 – 16:00 ИДЕАЛЬНЫЙ БЫТ
Круглый стол
Модератор: Брендан Макгетрик, Институт «Стрелка»
Участники: Кирилл Асс (Бюро Бродский), Меган Рутильяно, Ювал Ясский, Марк Пимлотт
ЧАСТЬ II: НОВЫЕ РУТИНЫ И РИТУАЛЫ
17:00 – 18:15 БОЛЬШОЙ ГОРОД МЕЖДУ ПРАЗДНИКОМ И ГРОЗОЙ
Борис Дубин, социолог, независимый исследователь
18:30 – 19:30 ГОРОДСКИЕ НОВЫЕ РИТУАЛЫ
Круглый стол
Модератор: В... социолог, РАН
Участники: ... театральный, НИУ ВШЭ, КБ «Стрелка»
КОНФЕРЕНЦИЯ
ПОВСЕДНЕВ

→ THE BUREAU
Меган Рут...
→ ГОРОДСКОЙ
БУДУЩЕЕ ПРОШЛ...
Юван Ясский, Факульт...
Академия искусств «Без...
→ ИНТЕРЬЕР КАК «СЕТЕВОЕ
ПРОСТРАНСТВО», ПРОЕКТЫ Д...
БУДУЩЕГО И ГОРОД МОНРЕАЛ...
Марк Пимлотт, Дельфтский
технологический университет

14:00 – 16:00 ИДЕАЛЬНЫЙ БЫТ
Круглый стол
Модератор: Брендан Макгетрик,
Институт «Стрелка», Факультет...
Участники: Кирилл Асс (Бюро...), Меган Рутильяно, Юван
Ясский, Марк Пимпотт

ЧАСТЬ II: НОВЫЕ РУТИНЫ И РИТУАЛЫ

17:00 – 18:15 БОЛЬШОЙ ГОРОД
МЕЖДУ ПРАЗДНИКОМ И ПРОЗОЙ
Борис Дубин, социолог,
независимый исследователь

18:30 – 19:30 НОВЫЕ
ГОРОДСКИЕ РИТУАЛЫ
Круглый стол
Модератор: Виктор Вахштайн,
социолог, РАНХиГС
Участники: Дмитрий Волкострелов,
театральный режиссер, Андрей Корбут,
НИУ ВШЭ, Михаил Алексеевский,
КБ «Стрелка»

20:00 – 21:00 ГОРОД ЗАПАХОВ
Вечерний разговор Анастасии
Смирновой с Сисель Толаас,
исследователем и проектировщик
запахов, RE_SEARCH Lab, International
Flavor & Fragrance INC., и демонстрация
ольфанкторных проектов Толаас

ДЕНЬ 2: 4 ИЮЛЯ, ПЯТНИЦА

ЧАСТЬ III. ПРОЕКТИРОВАНИЕ
ПОВСЕДНЕВНОСТИ
Ведущая сессии: Анастасия Смирнова,
Институт «Стрелка», бюро SVESMI

13:00 – 14:30 (НЕ) ОБЫЧНОЕ
Вини Маас, MVRDV

14:45 – 16:45 Короткие лекции
→ 14:45 – 15:15 ЗА КУЛИСАМИ,
ИЛИ БОЛЬШАЯ ЛОГИСТИКА
Клэр Лис...
→ 15:15 ...
Пруд...

ЛЕТО НА СТРЕЛКЕ
SUMMER AT STRELKA
ИНСТИТУТ
STRELKA
INSTITUTE
ДИСКУССИЯ
DISCUSSION
16.07
20:00
ЛОНДОН
LONDON
МЕЖДУ ДОМОМ
И ОФИСОМ —
ОПЫТ ЛОНДОНА
В РАЗВИТИИ
ТЕРРИТОРИЙ
Дискуссия с британскими архитекторами,
посвященная градостроительному опыту Лондона,
в рамках серии мероприятий, организованных
совместно с фондом Миса ван дер Роэ
RETHINKING
EUROPE
LONDON
EXPERIENCE
IN TERRITORY
DEVELOPMENT
ПАРТНЕР / PARTNER
mies barcelona
МЕСТО:
ДВОР
ЯЗЫК:
АНГЛИЙСКИЙ
PLACE:
COURTYARD
LANGUAGE:
ENGLISH
Two-day workshop with the participation of leading
British architects and city developers in frames
of the series organized with Mies van der Rohe
Foundation
www.strelka.com
СТОИМОСТЬ:
БЕСПЛАТНО
PRICE:
FREE
ПРИ ПОДДЕРЖКЕ / SUPPORTED BY
МегаФон

ЛЕТО НА СТРЕЛКЕ
STRELKA
SUMMER AT STRELKA
ИНСТИТУТ
INSTITUTE
ВОРКШОП
WORKSHOPS
16.07
17.07
МЕЖДУ ДОМОМ И ОФИСОМ—ОПЫТ ЛОНДОНА В РАЗВИТИИ ТЕРРИТОРИЙ
ЛОНДОН
LONDON
10:00
Двухдневный воркшоп с участием ведущих британских архитекторов в рамках серии мероприятий, организованных с фондом Миса ван дер Роэ
RETHINKING EUROPE LONDON EXPERIENCE IN TERRITORY DEVELOPMENT
ПАРТНЕР / PARTNER
mies barcelona
МЕСТО: ЗАЛ
PLACE: ZAL
ЯЗЫК: АНГЛИЙСКИЙ
LANGUAGE: ENGLISH
Two-day workshop with the participation of leading British architects and city developers in frames of the series organized with Mies van der Rohe Foundation
www.strelka.com
СТОИМОСТЬ: 800 РУБ
PRICE: 800 RUB
ПРИ ПОДДЕРЖКЕ / SUPPORTED BY
МегаФон

STRELKA
ИНСТИТУТ
INSTITUTE
ДИСКУССИЯ
DISCUSSION
28.07
20:00
БАРСЕЛОНА
BARCELONA
МЕЖДУ ДОМОМ И ОФИСОМ—ОПЫТ БАРСЕЛОНЫ В РАЗВИТИИ ТЕРРИТОРИЙ
Дискуссия с испанскими архитекторами и вице-мэром Барселоны, посвященная градостроительному опыту столицы Каталонии, в серии совместных мероприятий с фондом Миса ван дер Роэ
RETHINKING EUROPE—BARCELONA EXPERIENCE IN TERRITORY DEVELOPMENT
ПАРТНЕР / PARTNER
mies barcelona
ЦЕНА: БЕСПЛАТНО
PRICE: FREE
Discussion with leading Spanish architects and Deputy Mayor of Barcelona devoted to Catalonia's capital urban planning experience in frames of the series organized with Mies van der Rohe Foundation
ИННОВАЦИОННЫЙ ПАРТНЕР INNOVATION PARTNER
МегаФон
МЕСТО: ДВОР
PLACE: COURTYARD
ЯЗЫК: АНГЛИЙСКИЙ С ПЕРЕВОДОМ НА РУССКИЙ
LANGUAGE: ENGLISH

STRELKA
ИНСТИТУТ
INSTITUTE
ВОРКШОП
WORKSHOP
28.07–29.07
10:00
БАРСЕЛОНА
BARCELONA
МЕЖДУ ДОМОМ И ОФИСОМ—ОПЫТ БАРСЕЛОНЫ В РАЗВИТИИ ТЕРРИТОРИЙ
Двухдневный воркшоп по развитию территории Раушской набережной на примере опыта Барселоны и при участии ведущих испанских архитекторов в серии совместных событий с фондом Миса ван дер Роэ
RETHINKING EUROPE—BARCELONA EXPERIENCE IN TERRITORY DEVELOPMENT
ПАРТНЕР / PARTNER
mies barcelona
ЦЕНА: 800 РУБ
PRICE: 800 RUB
Two-day workshop on territorial development of Raushskaya embankment based on Barcelona experience with the participation of leading Spanish architects and city developers in frames of the series organized with Mies van der Rohe Foundation
ИННОВАЦИОННЫЙ ПАРТНЕР INNOVATION PARTNER
МегаФон
МЕСТО: ЗАЛ
PLACE: ZAL
ЯЗЫК: АНГЛИЙСКИЙ
LANGUAGE: ENGLISH

'Daily Routine' was one of the movie screenings during the summer programme at Strelka. Seen together, the films of the 'Daily Routine' programme, told the history of mankind in the 20th century and the transition into the 21st century, via a story of daily routines captured by the camera.

In my work, I strive for simplicity. I avoid over-thinking themes and over-using materials. When developing an identity, I focus on first-level associations and often prefer to know just enough about a project to avoid confusion. Too much information can be overwhelming. While it's essential to be well-informed, there's a balance I aim for, and I usually sense when I've reached it.

My approach worked perfectly with Strelka due to the project's fast pace. With tight deadlines, I needed to create designs that were loud, visible, understandable, and constantly fresh.

For the 'Daily Routine' project, I immediately thought of a calendar, as it best represents the concepts of 'daily' and 'routine'. Using the calendar as my primary reference made the rest of the process straightforward. I was able to shape the identity, tell the story, and convey the message effectively.

ОТКРЫТИЕ
OPENING

20.07 / 21:00

КИНО   ДВОР   БЕСПЛАТНО   MOVIE   CORTYARD   FREE

ПОВСЕДНЕВНОСТЬ: КРУГОВАЯ ПАНОРАМА

DAILY ROUTINE: A PANORAMIC VIEW

21:00 – Открытие кинопрограммы «Стрелки» с участием режиссеров Бориса Хлебникова, Николая Хомерики, Натальи Мещаниновой, Любови Мульменко и сценариста Александра Родионова.

22:30 – Показ фильма «Интимное освещение» Чехословакия, 1965 Режиссер Иван Пассер

КУРАТОР ПРОГРАММЫ: МИХАИЛ РАТГАУЗ

21:00 – Strelka cinema programme opening with the participation of directors Boris Khlebnikov, Nikolai Khomeriki, Natalya Meshchaninova, Lyubov Mulmenko and script writer Alexander Rodionov.

22:30 – Screening of the film "Intimate Lighting" Czechoslovakia, 1965 Directed by Ivan Passer

PROGRAMME CURATOR: MIKHAIL RATGAUZ

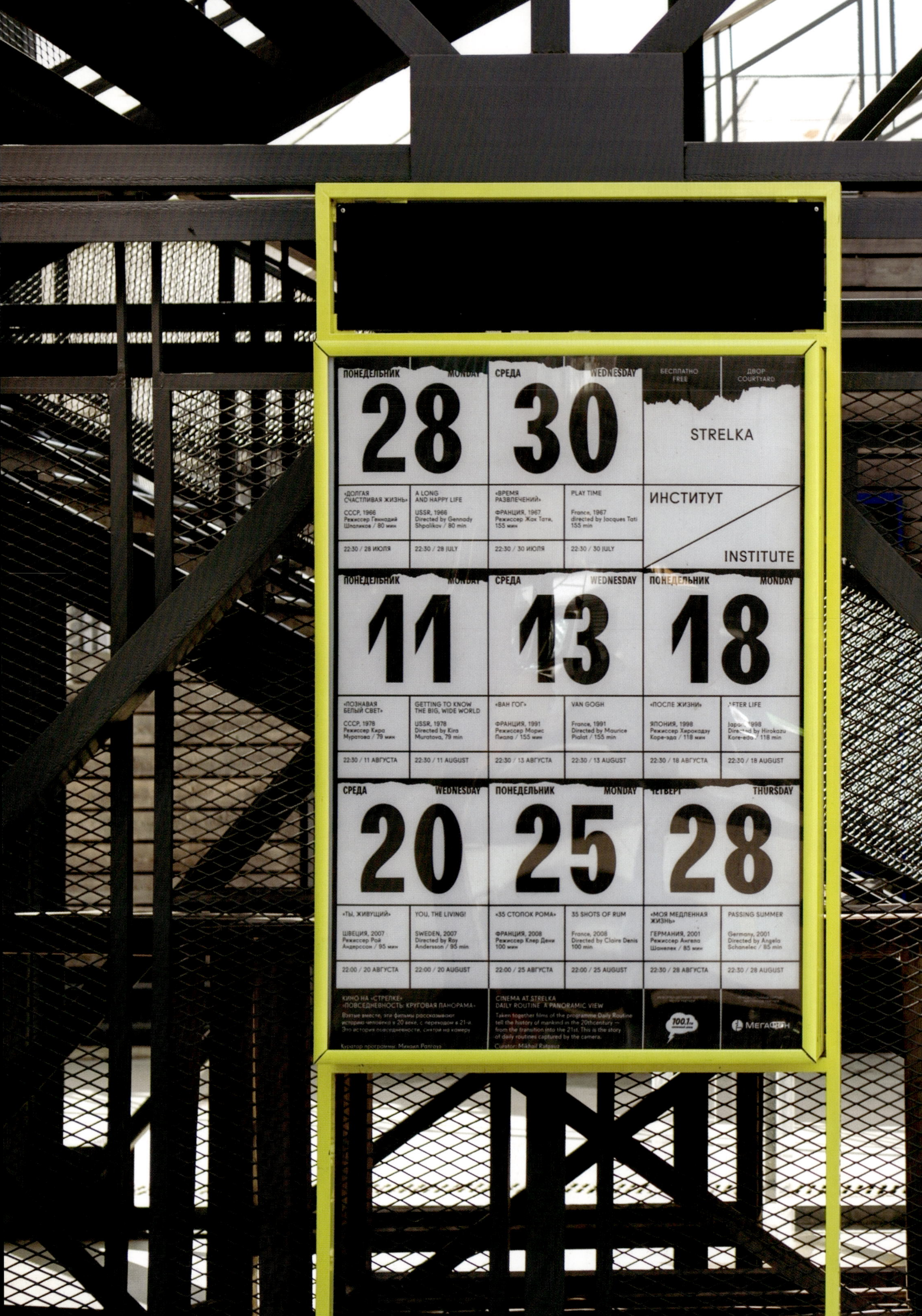

ПОНЕДЕЛЬНИК MONDAY
СРЕДА WEDNESDAY
БЕСПЛАТНО FREE
ДВОР COURTYARD

28
30
STRELKA

«ДОЛГАЯ СЧАСТЛИВАЯ ЖИЗНЬ»
A LONG AND HAPPY LIFE
«ВРЕМЯ РАЗВЛЕЧЕНИЙ»
PLAY TIME
ИНСТИТУТ

СССР, 1966
Режиссер Геннадий Шпаликов / 80 мин
USSR, 1966
Directed by Gennady Shpalikov / 80 min
ФРАНЦИЯ, 1967
Режиссер Жак Тати, 155 мин
France, 1967
directed by Jacques Tati 155 min

22:30 / 28 ИЮЛЯ
22:30 / 28 JULY
22:30 / 30 ИЮЛЯ
22:30 / 30 JULY
INSTITUTE

ПОНЕДЕЛЬНИК MONDAY
СРЕДА WEDNESDAY
ПОНЕДЕЛЬНИК MONDAY

11
13
18

«ПОЗНАВАЯ БЕЛЫЙ СВЕТ»
GETTING TO KNOW THE BIG, WIDE WORLD
«ВАН ГОГ»
VAN GOGH
«ПОСЛЕ ЖИЗНИ»
AFTER LIFE

СССР, 1978
Режиссер Кира Муратова / 79 мин
USSR, 1978
Directed by Kira Muratova, 79 min
ФРАНЦИЯ, 1991
Режиссер Морис Пиала / 155 мин
France, 1991
Directed by Maurice Pialat / 155 min
ЯПОНИЯ, 1998
Режиссер Хирокадзу Коре-эда / 118 мин
Japan, 1998
Directed by Hirokazu Kore-eda / 118 min

22:30 / 11 АВГУСТА
22:30 / 11 AUGUST
22:30 / 13 АВГУСТА
22:30 / 13 AUGUST
22:30 / 18 АВГУСТА
22:30 / 18 AUGUST

СРЕДА WEDNESDAY
ПОНЕДЕЛЬНИК MONDAY
ЧЕТВЕРГ THURSDAY

20
25
28

«ТЫ, ЖИВУЩИЙ»
YOU, THE LIVING!
«35 СТОПОК РОМА»
35 SHOTS OF RUM
«МОЯ МЕДЛЕННАЯ ЖИЗНЬ»
PASSING SUMMER

ШВЕЦИЯ, 2007
Режиссер Рой Андерссон / 95 мин
SWEDEN, 2007
Directed by Roy Andersson / 95 min
ФРАНЦИЯ, 2008
Режиссер Клер Дени 100 мин
France, 2008
Directed by Claire Denis 100 min
ГЕРМАНИЯ, 2001
Режиссер Ангела Шанелек / 85 мин
Germany, 2001
Directed by Angela Schanelec / 85 min

22:00 / 20 АВГУСТА
22:00 / 20 AUGUST
22:00 / 25 АВГУСТА
22:00 / 25 AUGUST
22:30 / 28 АВГУСТА
22:30 / 28 AUGUST

КИНО НА «СТРЕЛКЕ»
«ПОВСЕДНЕВНОСТЬ: КРУГОВАЯ ПАНОРАМА»
Взятые вместе, эти фильмы рассказывают историю человека в 20 веке, с переходом в 21-й. Это история повседневности, снятой на камеру.
Куратор программы: Михаил Ратгауз

CINEMA AT STRELKA
DAILY ROUTINE A PANORAMIC VIEW
Taken together films of the programme Daily Routine tell the history of mankind in the 20th century — from the transition into the 21st. This is the story of daily routines captured by the camera.
Curator: Mikhail Ratgauz

100.1 fm
МЕГАФОН

КИНО НА «СТРЕЛКЕ»
ПОВСЕДНЕВНОСТЬ:
КРУГОВАЯ ПАНОРАМА
CINEMA AT STRELKA
DAILY ROUTINE:
A PANORAMIC VIEW
100.1
ЧЕТВЕРГ
THURSDAY
28
КИНО   22:30   БЕСПЛАТНО
MOVIE   22:30   FREE
МОЯ
МЕДЛЕННАЯ ЖИЗНЬ
PASSING SUMMER
Германия, 2001
Режиссер Ангела Шанелек, 85 мин
Несколько еще молодых берлинцев
просто живут, как могут. Иногда они
влюбляются, иногда сталкиваются
со смертью, иногда становятся
свидетелями чужого счастья.
Один из лучших фильмов про
современность лидера Берлинской
школы Ангелы Шанелек
Germany, 2001
Directed by Angela Schanelec, 85 min
A small group of still-young Berliners live
as simply as they can. Sometimes they
fall in love, occasionally they brush with
death, and at other times they become
witness to the happiness of others. One
of the best films about present day reality
by the leader of the Berlin school, Angela
Schanelec.
ИНСТИТУТ
МегаФон
STRELKA
INSTITUTE

ТАВКА ОБРАЗОВАТЕЛЬНОЙ
АММЫ ИНСТИТУТА «СТРЕЛКА»
06—11.09
ОЛЬШОЕ
УЩЕЕ
ВЫСТАВКА ОБРАЗОВАТЕЛЬНОЙ
ПРОГРАММЫ ИНСТИТУТА «СТРЕЛКА»
24.06—11.09
БОЛЬШОЕ
БУДУЩЕЕ
ВЫСТАВКА ОБРАЗОВАТЕЛЬНОЙ
ПРОГРАММЫ ИНСТИТУТА «СТРЕЛКА»
24.06—11.09
БОЛЬШОЕ
БУДУЩЕЕ
ВЫС
ПРОГ
24.
БО
БУ
DRESS CODE:
SMART CASUAL
4.06
20:00
24.06
2
DRESS CODE:
SMART CASUAL
БУДУЩЕГО
НЕТ,
РИХОДИТЕ
ЗАВТРА

BIGFUTURE.RU
24.06/17:00
Презентация финальных
студенческих исследований
24.06/20:00
Торжественное
открытие
БУДУЩЕГО
НЕТ,
ПРИХОДИТЕ
ЗАВТРА

BIG
24.06/17:00
Презентация ф
студенческих и

УДУЩЕМ
НИЧЕГО
РАШНОГО.
ОНО НЕ
СТОЯЩЕЕ
У НАС РАЗНОЕ
ПРОШЛОЕ,
НО СОВМЕСТНОЕ
БУДУЩЕЕ
В БУДУЩЕМ
НЕТ НИЧЕГО
СТРАШНОГО.
ОНО НЕ
НАСТОЯЩЕЕ
У Н
П
НО С

ТАКОМ
УДУЩЕМ
ЖНО БЫЛО
ОЛЬКО
МЕЧТАТЬ
БУДУЩЕЕ
УЖЕ НЕ ТО,
ЧТО БЫЛО
ВЧЕРА
О ТАКОМ
БУДУЩЕМ
МОЖНО БЫЛО
ТОЛЬКО
МЕЧТАТЬ
У

Генеральный партнер
ПИК
ГРУППА
В БУДУЩЕМ
НЕТ НИЧЕГО
СТРАШНОГО.
ОНО НЕ
НАСТОЯЩЕЕ
ИНСТИ
STRELKA

Берсеневская Набережная, 14, Стр. 5А
www.strelka.com

1:1
CUSHMAN &
WAKEFIELD
BANG!
BANG!

БОЛЬШОЕ
БУДУЩЕЕ
ПИК ГРУППА
24.06–11.09
О ТАКОМ БУДУЩЕМ МОЖНО БЫЛО ТОЛЬКО МЕЧТАТЬ
БУДУЩЕЕ УЖЕ НЕ ТО, ЧТО БЫЛО ВЧЕРА
БУДУЩЕГО НЕТ, ПРИХОДИТЕ ЗАВТРА
У НАС РАЗНОЕ ПРОШЛОЕ, НО СОВМЕСТНОЕ БУДУЩЕЕ
В БУДУЩЕМ НЕТ НИЧЕГО СТРАШНОГО. ОНО НЕ НАСТОЯЩЕЕ
BIGFUTURE.RU
CUSHMAN & WAKEFIELD
BANG! BANG!

В БУДУЩЕМ НЕТ НИЧЕГО СТРАШНОГО. ОНО НЕ НАСТОЯЩЕЕ
WWW.BIGFUTURE.RU
БУДУЩЕГО НЕТ, ПРИХОДИТЕ ЗАВТРА
WWW.BIGFUTURE.RU

МАСТЕР-КЛАСС

STRELKA

ИНСТИТУТ

INSTITUTE

КАК СОЗДАТЬ ЦЕНТР МЕЖКУЛЬТУРНОЙ КОММУНИКАЦИИ

ИНСТИТУТ МЕДИА, АРХИТЕКТУРЫ И ДИЗАЙНА «СТРЕЛКА» ПРОВОДИТ ОТКРЫТЫЙ СЕМИНАР ПО СОЗДАНИЮ ДОЛГОСРОЧНОГО ПРОЕКТА ДЛЯ МОСКОВСКОЙ БИБЛИОТЕКИ «ДИАЛОГ КУЛЬТУР», КОТОРЫЙ ОБЪЕДЕНИТ ЖИТЕЛЕЙ РАЙОНА КОТЛОВКА

Для участия в воркшопе приглашаются: культурологи, социологи, антропологи, архитекторы, дизайнеры, журналисты, студенты этих направлений, а также представители других профессий, заинтересованных в проектах в сфере мультикультурности

03—15.09.2014

18:00

М. КРОПОТКИНСКАЯ
БЕРСЕНЕВСКАЯ НАБЕРЕЖНАЯ, 14, СТР. 5А. ТЕЛЕФОН: +7 (495) 268 06 19

WWW.STRELKA.COM

МАСТЕР-КЛАСС
STRELKA
ИНСТИТУТ
INSTITUTE
КАК СОЗДАТЬ ЦЕНТР МЕЖКУЛЬТУРНОЙ КОММУНИКАЦИИ
ИНСТИТУТ МЕДИА, АРХИТЕКТУРЫ И ДИЗАЙНА «СТРЕЛКА» ПРОВОДИТ ОТКРЫТЫЙ СЕМИНАР ПО СОЗДАНИЮ ДОЛГОСРОЧНОГО ПРОЕКТА ДЛЯ МОСКОВСКОЙ БИБЛИОТЕКИ «ДИАЛОГ КУЛЬТУР», КОТОРЫЙ ОБЪЕДЕНИТ ЖИТЕЛЕЙ РАЙОНА КОТЛОВКА
Для участия в воркшопе приглашаются: культурологи, социологи, антропологи, архитекторы, дизайнеры, журналисты, студенты этих направлений, а также представители других профессий, заинтересованных в проектах в сфере мультикультурности
03—15.09.2014
18:00
М. КРОПОТКИНСКАЯ
БЕРСЕНЕВСКАЯ НАБЕРЕЖНАЯ, 14, СТР. 5А. ТЕЛЕФОН: +7 (495) 268 06 19
WWW.STRELKA.COM

STRELKA
ИНСТИТУТ
INSTITUTE
Strelka was founded in 2009 to change the cultural and physical landscapes of Russian cities. The Institute promotes positive changes and creates new ideas and values through its educational activities.
Институт «Стрелка» был основан в 2009 году для изменения культурного ландшафта и физического облика российских городов.
ПЕРВЫЙ РАЗ.
ЗИМА НА СТРЕЛКЕ
FIRST TIME.
WINTER AT STRELKA
2015-2016

ИНСТИТУТ
STRELKA
INST
ПЕРВЫЙ РАЗ.
ЗИМА НА СТРЕЛКЕ
FIRST TIME.
WINTER AT STRELK
www.strelka.com
2015-2016

ИНСТИТУТ
STRELKA
INST
ПЕРВЫЙ РАЗ.
ЗИМА НА СТРЕЛКЕ
FIRST TIME.
WINTER AT STRELK
www.strelka.com
2015-2016

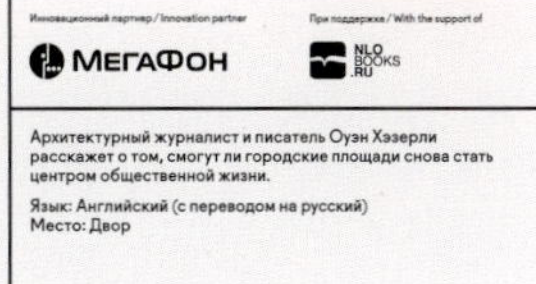

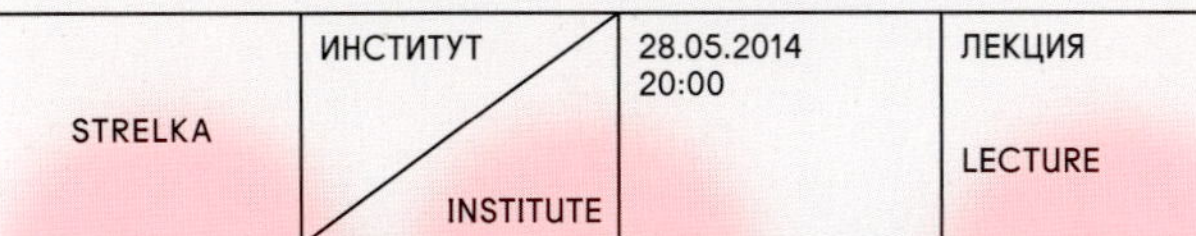
ОУЭН
ХЭЗЕРЛИ

НОВАЯ ЖИЗНЬ
ВОЗРОЖДЕННЫХ
ПЛОЩАДЕЙ

ИНСТИТУТ
STRELKA
INSTITUTE
28.05.2014
20:00
ЛЕКЦИЯ
LECTURE

MODERN LIFE
OF THE NEW-BORN
SQUARES

OWEN
HATHERLEY

ЛУЧШИЕ
ШРИФТЫ
ОТ
СТУДЕНТОВ
БРИТАНКИ

ИНСТИТУТ
STRELKA
INSTITUTE
14.06.2014
19:00
ПРЕЗЕНТАЦИЯ
PRESENTATION

BEST TYPEFACES
FROM STUDENTS
OF THE
BRITISH HIGHER
SCHOOL
OF DESIGN

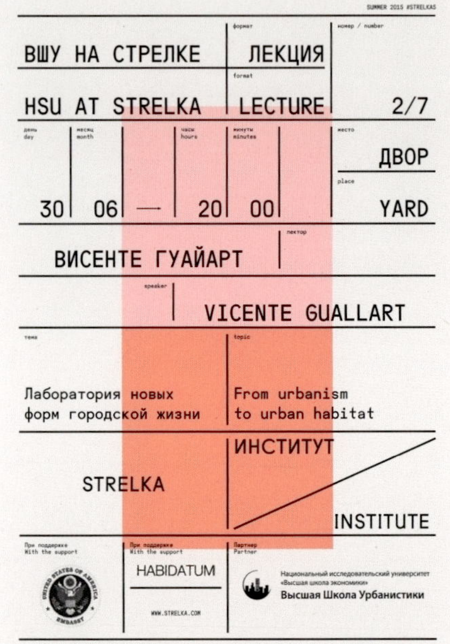
SUMMER 2015 #STRELKAS
ВШУ НА СТРЕЛКЕ | ЛЕКЦИЯ
HSU AT STRELKA | LECTURE | 2/7
ДВОР
30 06 — 20 00 YARD
ВИСЕНТЕ ГУАЙАРТ
VICENTE GUALLART
Лаборатория новых | From urbanism
форм городской жизни | to urban habitat
ИНСТИТУТ
STRELKA
INSTITUTE
При поддержке / With the support — При поддержке / With the support — Партнер / Partner
HABIDATUM
WWW.STRELKA.COM
Национальный исследовательский университет «Высшая школа экономики»
Высшая Школа Урбанистики
14, BLDG. 5A,BERSENEVSKAYA EMBANKMENT, MOSCOW — БЕРСЕНЕВСКАЯ НАБЕРЕЖНАЯ, 14, СТР. 5А МОСКВА

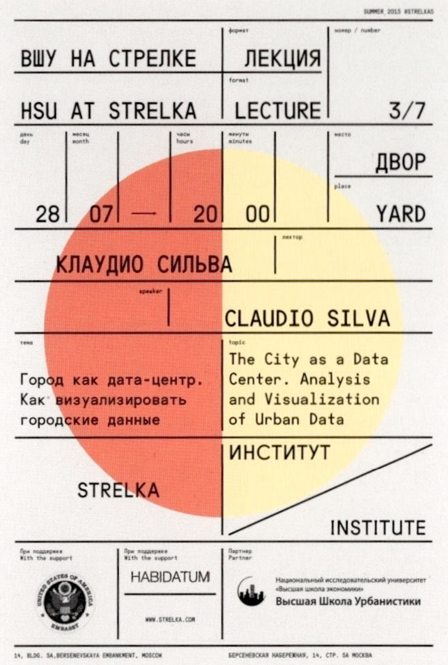
SUMMER 2015 #STRELKAS
ВШУ НА СТРЕЛКЕ | ЛЕКЦИЯ
HSU AT STRELKA | LECTURE | 3/7
ДВОР
28 07 — 20 00 YARD
КЛАУДИО СИЛЬВА
CLAUDIO SILVA
Город как дата-центр. | The City as a Data
Как визуализировать | Center. Analysis
городские данные | and Visualization
of Urban Data
ИНСТИТУТ
STRELKA
INSTITUTE
При поддержке / With the support — При поддержке / With the support — Партнер / Partner
HABIDATUM
WWW.STRELKA.COM
Национальный исследовательский университет «Высшая школа экономики»
Высшая Школа Урбанистики
14, BLDG. 5A,BERSENEVSKAYA EMBANKMENT, MOSCOW — БЕРСЕНЕВСКАЯ НАБЕРЕЖНАЯ, 14, СТР. 5А МОСКВА

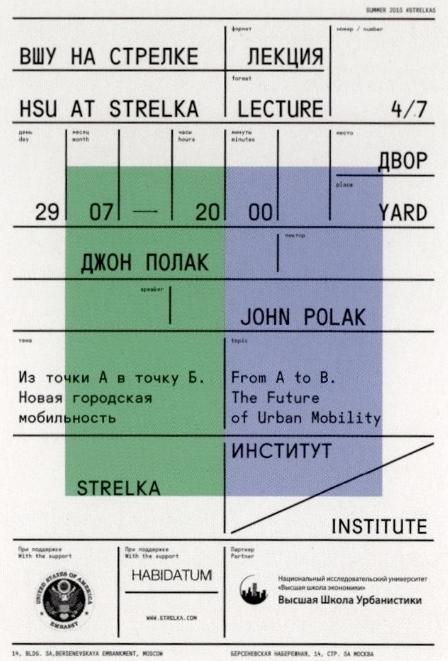
SUMMER 2015 #STRELKAS
ВШУ НА СТРЕЛКЕ | ЛЕКЦИЯ
HSU AT STRELKA | LECTURE | 4/7
ДВОР
29 07 — 20 00 YARD
ДЖОН ПОЛАК
JOHN POLAK
Из точки А в точку Б. | From A to B.
Новая городская | The Future
мобильность | of Urban Mobility
ИНСТИТУТ
STRELKA
INSTITUTE
При поддержке / With the support — При поддержке / With the support — Партнер / Partner
HABIDATUM
WWW.STRELKA.COM
Национальный исследовательский университет «Высшая школа экономики»
Высшая Школа Урбанистики
14, BLDG. 5A,BERSENEVSKAYA EMBANKMENT, MOSCOW — БЕРСЕНЕВСКАЯ НАБЕРЕЖНАЯ, 14, СТР. 5А МОСКВА

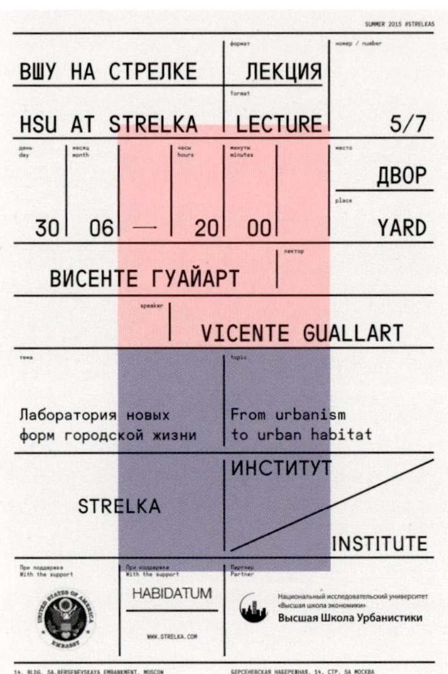
SUMMER 2015 #STRELKAS
ВШУ НА СТРЕЛКЕ | ЛЕКЦИЯ
HSU AT STRELKA | LECTURE | 5/7
ДВОР
30 06 — 20 00 YARD
ВИСЕНТЕ ГУАЙАРТ
VICENTE GUALLART
Лаборатория новых | From urbanism
форм городской жизни | to urban habitat
ИНСТИТУТ
STRELKA
INSTITUTE
При поддержке / With the support — При поддержке / With the support — Партнер / Partner
HABIDATUM
WWW.STRELKA.COM
Национальный исследовательский университет «Высшая школа экономики»
Высшая Школа Урбанистики
14, BLDG. 5A,BERSENEVSKAYA EMBANKMENT, MOSCOW — БЕРСЕНЕВСКАЯ НАБЕРЕЖНАЯ, 14, СТР. 5А МОСКВА

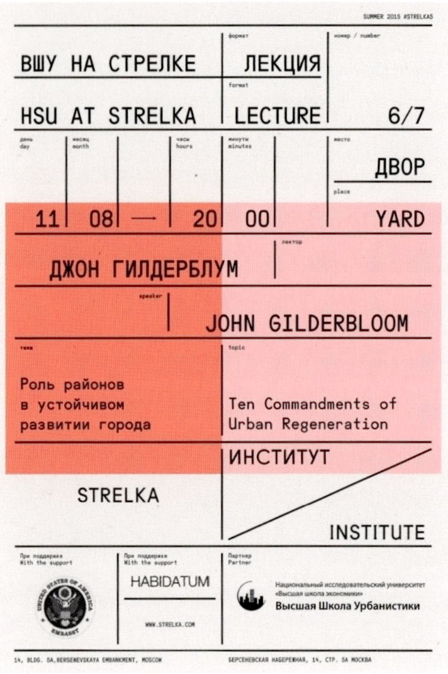
SUMMER 2015 #STRELKAS
ВШУ НА СТРЕЛКЕ | ЛЕКЦИЯ
HSU AT STRELKA | LECTURE | 6/7
ДВОР
11 08 — 20 00 YARD
ДЖОН ГИЛДЕРБЛУМ
JOHN GILDERBLOOM
Роль районов | Ten Commandments of
в устойчивом | Urban Regeneration
развитии города
ИНСТИТУТ
STRELKA
INSTITUTE
При поддержке / With the support — При поддержке / With the support — Партнер / Partner
HABIDATUM
WWW.STRELKA.COM
Национальный исследовательский университет «Высшая школа экономики»
Высшая Школа Урбанистики
14, BLDG. 5A,BERSENEVSKAYA EMBANKMENT, MOSCOW — БЕРСЕНЕВСКАЯ НАБЕРЕЖНАЯ, 14, СТР. 5А МОСКВА

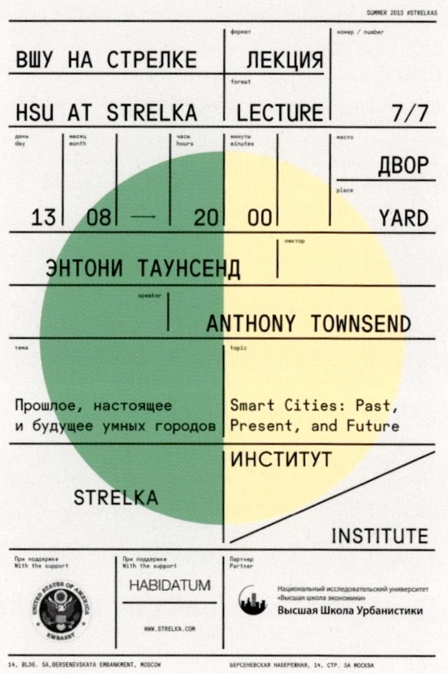
SUMMER 2015 #STRELKAS
ВШУ НА СТРЕЛКЕ | ЛЕКЦИЯ
HSU AT STRELKA | LECTURE | 7/7
ДВОР
13 08 — 20 00 YARD
ЭНТОНИ ТАУНСЕНД
ANTHONY TOWNSEND
Прошлое, настоящее | Smart Cities: Past,
и будущее умных городов | Present, and Future
ИНСТИТУТ
STRELKA
INSTITUTE
При поддержке / With the support — При поддержке / With the support — Партнер / Partner
HABIDATUM
WWW.STRELKA.COM
Национальный исследовательский университет «Высшая школа экономики»
Высшая Школа Урбанистики
14, BLDG. 5A,BERSENEVSKAYA EMBANKMENT, MOSCOW — БЕРСЕНЕВСКАЯ НАБЕРЕЖНАЯ, 14, СТР. 5А МОСКВА

ВШУ НА СТРЕЛКЕ

формат

ЛЕКЦИЯ

номер / number

format

HSU AT STRELKA | LECTURE | 1/7

день
day

месяц
month

часы
hours

минуты
minutes

место

место
place

| 10 | 06 | → | 20 | 00 | | ДВОР / YARD |

лектор

ЛЕВ МАНОВИЧ

speaker

LEV MANOVICH

тема

topic

Как анализировать
культуру через
социальные сети

Cultural analytics:
the study of social
networks

ИНСТИТУТ

STRELKA

INSTITUTE

При поддержке
With the support

При поддержке
With the support

HABIDATUM

WWW.STRELKA.COM

Партнер
Partner

Национальный исследовательский университет
«Высшая школа экономики»
Высшая Школа Урбанистики

OOK
HOP
FRITZ KAHN
REFLEX
THE
PHAIDON
ATLAS
OF 21st
CENTURY
WORLD
ARCHITECTURE

НЕЗАВИСИМЫЕ
КНИЖНЫЕ
И ИЗДАТЕЛИ.
ФОРУМ ВТОРОЙ
STRELKA
ИНСТИТУТ
INSTITUTE
09–10.06.2015
12:00
КОНФЕРЕНЦИЯ
CONFERENCE
INDEPENDENT
BOOK STORES
AND PUBLISHERS.
FORUM II
ВШУ НА СТРЕЛКЕ
ЛЕКЦИЯ
HSU AT STRELKA
LECTURE
1/8
ДВОР
YARD
10 06 → 20 00
ЛЕВ МАНОВИЧ
LEV MANOVICH
Как анализировать
культуру через
социальные сети
Cultural analytics:
the study of social
networks
STRELKA
ИНСТИТУТ
INSTITUTE
HABIDATUM
Высшая Школа Урбанистики

STRELKA ИНСТИТУТ
INSTITUT
МОИ УЛИЦЫ
ДИСКУССИЯ 1
15.06 / 19:00
"НА МОЕЙ УЛИЦЕ ПРАЗДНИК":
ДЛЯ ЧЕГО ПРОВОДИТЬ МЕРОПРИЯТИЯ НА УЛИЦАХ ГОРОДА?
БЕРСЕНЕВСКАЯ НАБЕРЕЖНАЯ, 14, СТР. 5А МОСКВА
T S RE L K A

ИНСТИТУТ
STRELKA
INSTITUTE
МОИ УЛИЦЫ
ДИСКУССИЯ 1
15.06 / 19:00
"НА МОЕЙ УЛИЦЕ ПРАЗДНИК":
ДЛЯ ЧЕГО ПРОВОДИТЬ МЕРОПРИЯТИЯ НА УЛИЦАХ ГОРОДА?
БЕРСЕНЕВСКАЯ НАБЕРЕЖНАЯ, 14, СТР. 5А МОСКВА
STRELKA
ИНСТИТУТ
INSTITUTE
МОИ УЛИЦЫ
ДИСКУССИЯ 2
14.07 / 19:00
ДЕТИ НА УЛИЦЕ. БЕЗОПАСНОСТЬ, ОБРАЗОВАНИЕ, РАЗВЛЕЧЕНИЕ
БЕРСЕНЕВСКАЯ НАБЕРЕЖНАЯ, 14, СТР. 5А МОСКВА
ИНСТИТУТ
STRELKA
INSTITUTE
ДИСКУССИЯ 3
27.07 / 19:00
МОИ УЛИЦЫ
УЛИЦЫ МОСКВЫ
ТРАНЗИТ, ПРОГУЛКИ, РАЗВЛЕЧЕНИЕ
STRELKA
ИНСТИТУТ
INSTITUTE
МОИ УЛИЦЫ
ДИСКУССИЯ 4
10.08 / 19.00
ИДЕНТИЧНОСТЬ МОСКОВСКИХ УЛИЦ. ПЕРЕУЛКИ, БУЛЬВАРЫ, ПРОСПЕКТЫ
БЕРСЕНЕВСКАЯ НАБЕРЕЖНАЯ, 14, СТР. 5А МОСКВА

DIGITAL
ИНСТИТУТ
STRELKA
INSTITUTE
05.08/20:00
AUGUST
КАК ОТКРЫТЬ
СВОЮ ДИЗАЙН-СТУДИЮ
HOW TO START YOUR
OWN DESIGN STUDIO
ЛЕКЦИЯ/LECTURE
БЕСПЛАТНО/FREE
ОСНОВАТЕЛИ СТУДИИ ANTON&IRENE КРЕАТИВНЫЙ ДИРЕКТОР АНТОН РЕППОНЕН И ДИРЕКТОР ПО ПОЛЬЗОВАТЕЛЬСКОМУ ОПЫТУ АЙРИН ПЕРЕЙРА, КОТОРЫЕ РАБОТАЛИ С GOOGLE, MICROSOFT, PORSCHE, RED BULL, CNN, NETFLIX РАССКАЖУТ О СВОИХ ПРОЕКТАХ И О СЛОЖНОСТЯХ, С КОТОРЫМИ ОНИ СТОЛКНУЛИСЬ ПРИ ИХ РЕАЛИЗАЦИИ
IRENE PEREYRA, USER EXPERIENCE DIRECTOR AND ANTON REPPONEN, CREATIVE DIRECTOR, WILL WALK-THROUGH AN IN-DEPTH 'BEHIND THE SCENES' OF THE CHALLENGES THEY HAVE FACED WHILE WORKING ON LARGE REDESIGNS AND OTHER INTERACTIVE PROJECTS IN A CHRONOLOGICAL MANNER: FROM HOW THE PROJECTS STARTED, TO THE SUCCESSES AND HURDLES FACED ALONG THE WAY
США/USA
ANTON REPPONEN
IRENE PEREYRA
12.08-13.08/11:00
HOW TO SELL
YOUR IDEA
КАК ПРОДАТЬ
СВОЮ ИДЕЮ
ВОРКШОП/WORKSHOP
WWW.STRELKA.COM
14.08-15.08/11:00
UX-DESIGN
ДЛЯ ДИЗАЙНЕРОВ
UX-DESIGN
FOR DESIGNERS
ВОРКШОП/WORKSHOP
WWW.STRELKA.COM
БЕРСЕНЕВСКАЯ НАБЕРЕЖНАЯ, 14, СТР. 5А
БЕРСЕНЕВСКАЯ НАБЕРЕЖНАЯ, 14, СТР. 5А

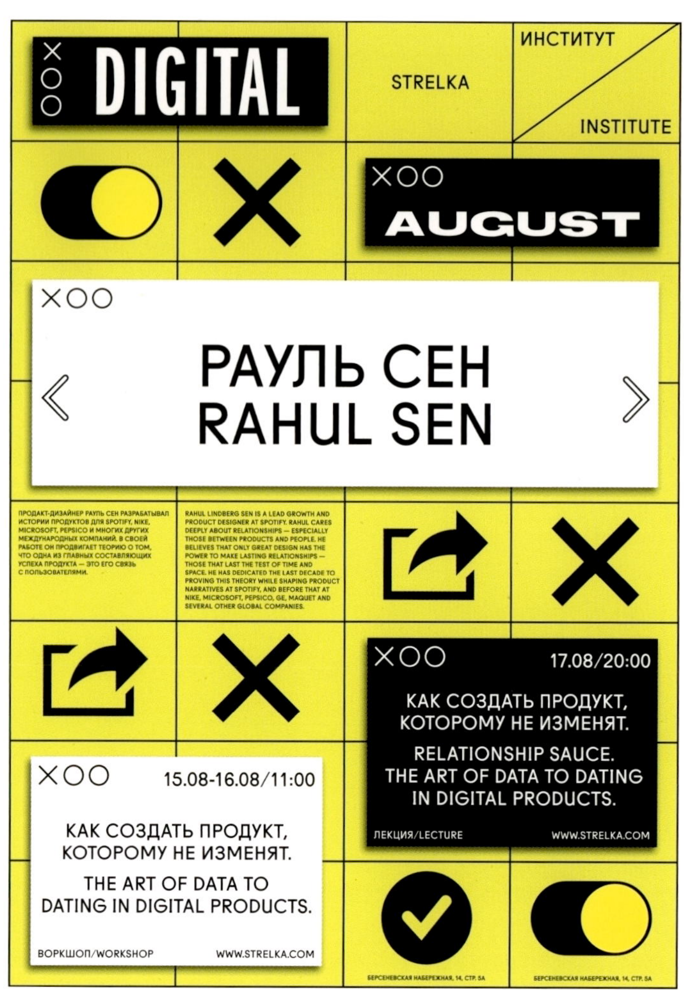

DIGITAL
ИНСТИТУТ
STRELKA
INSTITUTE
AUGUST
РАУЛЬ СЕН
RAHUL SEN
ПРОДАКТ-ДИЗАЙНЕР РАУЛЬ СЕН РАЗРАБАТЫВАЛ ИСТОРИИ ПРОДУКТОВ ДЛЯ SPOTIFY, NIKE, MICROSOFT, PEPSICO И МНОГИХ ДРУГИХ МЕЖДУНАРОДНЫХ КОМПАНИЙ. В СВОЕЙ РАБОТЕ ОН ПРОДВИГАЕТ ТЕОРИЮ О ТОМ, ЧТО ОДНА ИЗ ГЛАВНЫХ СОСТАВЛЯЮЩИХ УСПЕХА ПРОДУКТА — ЭТО ЕГО СВЯЗЬ С ПОЛЬЗОВАТЕЛЯМИ.
RAHUL LINDBERG SEN IS A LEAD GROWTH AND PRODUCT DESIGNER AT SPOTIFY. RAHUL CARES DEEPLY ABOUT RELATIONSHIPS — ESPECIALLY THOSE BETWEEN PRODUCTS AND PEOPLE. HE BELIEVES THAT ONLY GREAT DESIGN HAS THE POWER TO MAKE LASTING RELATIONSHIPS — THOSE THAT LAST THE TEST OF TIME AND SPACE. HE HAS DEDICATED THE LAST DECADE TO PROVING THIS THEORY WHILE SHAPING PRODUCT NARRATIVES AT SPOTIFY, AND BEFORE THAT AT NIKE, MICROSOFT, PEPSICO, GE, MAQUET AND SEVERAL OTHER GLOBAL COMPANIES.
17.08/20:00
КАК СОЗДАТЬ ПРОДУКТ, КОТОРОМУ НЕ ИЗМЕНЯТ.
RELATIONSHIP SAUCE. THE ART OF DATA TO DATING IN DIGITAL PRODUCTS.
ЛЕКЦИЯ/LECTURE
WWW.STRELKA.COM
15.08-16.08/11:00
КАК СОЗДАТЬ ПРОДУКТ, КОТОРОМУ НЕ ИЗМЕНЯТ.
THE ART OF DATA TO DATING IN DIGITAL PRODUCTS.
ВОРКШОП/WORKSHOP
WWW.STRELKA.COM
БЕРСЕНЕВСКАЯ НАБЕРЕЖНАЯ, 14, СТР. 5А
БЕРСЕНЕВСКАЯ НАБЕРЕЖНАЯ, 14, СТР. 5А

S
ИНСТИТУТ
STRELKA
INSTITUTE
T
ТИМ НОЛАН
TIM NOLAN
30.07_20:00 ЛЕКЦИЯ/LECTURE
01.08-02.08 ВОРКШОП/WORKSHOP
АНТОН РЕППОНЕН И АЙРИН ПЕРЕЙРА
ANTON REPPONEN & IRENE PEREYRA
05.08_20:00 ЛЕКЦИЯ/LECTURE
05.08-06.08 ВОРКШОП/WORKSHOP. DIGITAL
07.08-08.08 ВОРКШОП/WORKSHOP. UX&DESIGN
STRELKA DIGITAL AUGUST
DIGITAL-АВГУСТ НА «СТРЕЛКЕ»
WWW.STRELKA.COM
30.07–11.09
2015
R
E
DIGITAL
РАУЛЬ СЕН/RAHUL SEN
01.08-02.08 ВОРКШОП/WORKSHOP
30.07_20:00 ЛЕКЦИЯ/LECTURE
РЭЙЧЕЛ ИНМАН/RACHEL INMAN
22.08-23.08 ВОРКШОП/WORKSHOP
24.07_20:00 ЛЕКЦИЯ/LECTURE
L
K
AUGUST
L
A
RAMBLER&Co
WWW.STRELKA.COM
БЕРСЕНЕВСКАЯ НАБЕРЕЖНАЯ, 14, СТР. 5А
БЕРСЕНЕВСКАЯ НАБЕРЕЖНАЯ, 14, СТР. 5А

№2
WWW.STRELKA.COM
#STRELKA5
STRELKA CINEMA:
"TIME MACHINES"
КИНО НА СТРЕЛКЕ:
«МАШИНЫ ВРЕМЕНИ»
11.08 22:00 11.08 22:00
СПЯЩИЙ
1973 ВУДИ АЛЛЕН
SLEEPER
1973 WOODY ALLEN
16.08 22:00 16.08 22:00
ЖЕНЩИНА НА ЛУНЕ
1929 ФРИЦ ЛАНГ
WOMAN IN THE MOON
1929 FRITZ LANG
18.08 22:00 18.08 22:00
ПЯТЫЙ ЭЛЕМЕНТ
1997 ЛЮК БЕССОН
THE FIFTH ELEMENT
1997 LUC BESSON
23.08 22:00 23.08 22:00
ПЛАНЕТА БУРЬ
1961 ПАВЕЛ КЛУШАНЦЕВ
PLANETA BUR
1961 PAVEL KLUSHANTSEV
25.08 22:00 25.08 22:00
ПОТЕРЯННЫЙ ГОРИЗОНТ
1973 ФРЭНК КАПРА
LOST HORIZON
1973 FRANK CAPRA
30.08 22:00 30.08 22:00
ЕВРОПА
2012 СЕБАСТЬЯН КОРДЕРО
EUROPA REPORT
2012 SEBASTIAN CORDERO
МАШИНЫ
ВРЕМЕНИ
TIME
MACHINES
ИНСТИТУТ
STRELKA CINEMA
STRELKA
№2 11.08–30.08
INSTITUTE
КИНО НА СТРЕЛКЕ

STRELKA CINEMA :
"TIME MACHINES"
КИНО НА СТРЕЛКЕ :
«МАШИНЫ ВРЕМЕНИ»
1997
ПЯТЫЙ ЭЛЕМЕНТ
THE FIFTH ELEMENT
ЛЮК БЕССОН
LUC BESSON
18.08
ФРАНЦИЯ
FRANCE
22:00
1961
ПЛАНЕТА БУРЬ
PLANETA BUR
ПАВЕЛ КЛУШАНЦЕВ
PAVEL KLUSHANTSEV
23.08
СССР
USSR
22:00
ИНСТИТУТ
STRELKA
INSTITUTE
STRELKA CINEMA
#2 11.08–30.08
КИНО НА СТРЕЛКЕ
STRELKA CINEMA :
"TIME MACHINES"
КИНО НА СТРЕЛКЕ :
«МАШИНЫ ВРЕМЕНИ»
1973
ПОТЕРЯННЫЙ ГОРИЗОНТ
LOST HORIZON
ФРЭНК КАПРА
FRANK CAPRA
25.08
США
USA
22:00
2013
ЕВРОПА
EUROPA REPORT
СЕБАСТЬЯН КОРДЕРО
SEBASTIAN CORDERO
30.08
США
USA
22:00
ИНСТИТУТ
STRELKA
INSTITUTE
STRELKA CINEMA
#2 11.08–30.08
КИНО НА СТРЕЛКЕ

STRELKA CINEMA : "TIME MACHINES"
КИНО НА СТРЕЛКЕ : «МАШИНЫ ВРЕМЕНИ»

14.07	22:00	14.07	22:00
ТАЙНА ОСТРОВА БЭК-КАП 1958 КАРЕЛ ZEMAHVERNE		THE FABULOUS WORLD OF JULES VERNE 1958 KAREL ZEMAN	
19.07	22:00	19.07	22:00
ГАЛАКТИКА THX-1138 1971 ДЖОРДЖ ЛУКАС		THX 1138 1971 GEORGE LUCAS	
21.07	22:00	21.07	22:00
ЧЕЛОВЕК В БЕЛОМ КОСТЮМЕ 1951 АЛЕКСАНДР МАККЕНДРИК		THE MAN IN THE WHITE SUIT 1951 ALEXANDER MACKENDRICK	
28.07	22:00	28.07	22:00
ШОУ ТРУМАНА 1998 ПИТЕР УИР		THE TRUMAN SHOW 1998 PETER WEIR	
04.08	22:00	04.08	22:00
ГОД 01 1973 АЛЕН РЕНЕ, ЖАК ДУЙОН, ЖАН РУШ		THE YEAR 01 ALAIN RESNAIS, JACQUES DOILLON, JEAN ROUCH	
09.08	22:00	09.08	22:00
МОЙ ДЯДЮШКА 1958 ЖАК ТАТИ		MY UNCLE 1958 JACQUES TATI	

МАШИНЫ ВРЕМЕНИ

Будущее, каким оно виделось из ХХ века, — это целый континент. Программа «Машины времени», составленная кинокритиком Михаилом Ратгаузом — тур по материку с остановками в разных точках, жанрах и возможностях: от блокбастеров до экспериментов, от немого кино до кукольной анимации.

TIME MACHINES

Cinema of the XXth century tried to look beyond its age and see the future. It represented intergalactic adventures, listened to the voice of Venus, dreamed of a world without violence and money, admired new technology and sneered at it and foresaw the apocalypse. The future, as it was seen from the last century, was a whole continent. The "Time Machine" program, curated by film critic Mikhail Ratgauz is a tour across this continent with stops at various points and genres: from blockbusters to arthouse, from silent films to puppet animation.

ИНСТИТУТ		STRELKA CINEMA
STRELKA		№1 14.07–09.08
	INSTITUTE	КИНО НА СТРЕЛКЕ

STRELKA CINEMA :
"TIME MACHINES"
КИНО НА СТРЕЛКЕ :
«МАШИНЫ ВРЕМЕНИ»

1951
ЧЕЛОВЕК В БЕЛОМ КОСТЮМЕ
THE MAN IN THE WHITE SUIT
А. МАККЕНДРИК
A. MACKENDRICK
21.07
ВЕЛИКОБРИТАНИЯ
CZECHOSLOVAKIA
22:00

Кинопрограмму открывает черно-белая фантастическая комедия «Тайна острова Бэк-Кап». Волшебный во всех смыслах фильм чешского киноизобретателя Карела Земана, растасканный Уэсом Андерсоном
в «Отеле Будапешт» на цитаты, снят по мотивам Жюль Верна, совмещает кино с анимацией и создает подвижный волнующий мир, сделанный из штриховки гравюр к старым приключенским романам.

1998
ШОУ ТРУМАНА
THE TRUMAN SHOW
ПИТЕР УИР
PETER WEIR
28.07
США
USA
22:00

Фильм «THX 1138» Джорджа Лукаса переносит нас в XXV век. Полностью искусственный выбеленный и гулкий высокотехнологичный мир. В людях осталось мало человеческого. Переизобретены и жестко
контролируются чувства, религия, секс, деторождение, удовольствие. Смелая, визуально завораживающая, почти пугающая антиутопия Джорджа Лукаса на грани с авангардом, — его подготовка к «Звездным войнам»

ИНСТИТУТ
STRELKA
INSTITUTE
STRELKA CINEMA
#1 12.07–18.08
КИНО НА СТРЕЛКЕ

БЕРСЕНЕВСКАЯ НАБЕРЕЖНАЯ, 14, СТР. 5А
14, BLDG. 5A, BERSENEVSKAYA EMBANKMENT

NO ZU
live
STRELKA
SUMMER
OPENING
PARTY
Mark Schedrin
14, BLDG. 5A,
BERSENEVSKAYA EMBANKMENT
MOSCOW, 119072, RUSSIA
STRELKA
MOSCOW
SUMMER OPENING PARTY
STRELKA
#STRELKASUMMER
®
strelka
Strelka 2016
20.05
22:00
SUMMER STRELKA #2016
ОТКРЫТИЕ
ЛЕТНЕЙ
ПРОГРАММЫ
SUMMER
#2016
БЕРСЕНЕВСКАЯ
НАБЕРЕЖНАЯ, 14, 5А
МОСКВА, 119072,
РОССИЯ
Lipelis

NO ZU
live
SUMMER
#2016
STRELKA
strelka®
SUMMER OPENING PARTY
STRELKA
#STRELKASUMMER
SUMMER
STRELKA
#2016
STRELKA
Strelka
2016
Lipelis
2016
WWW.STRELKA.COM

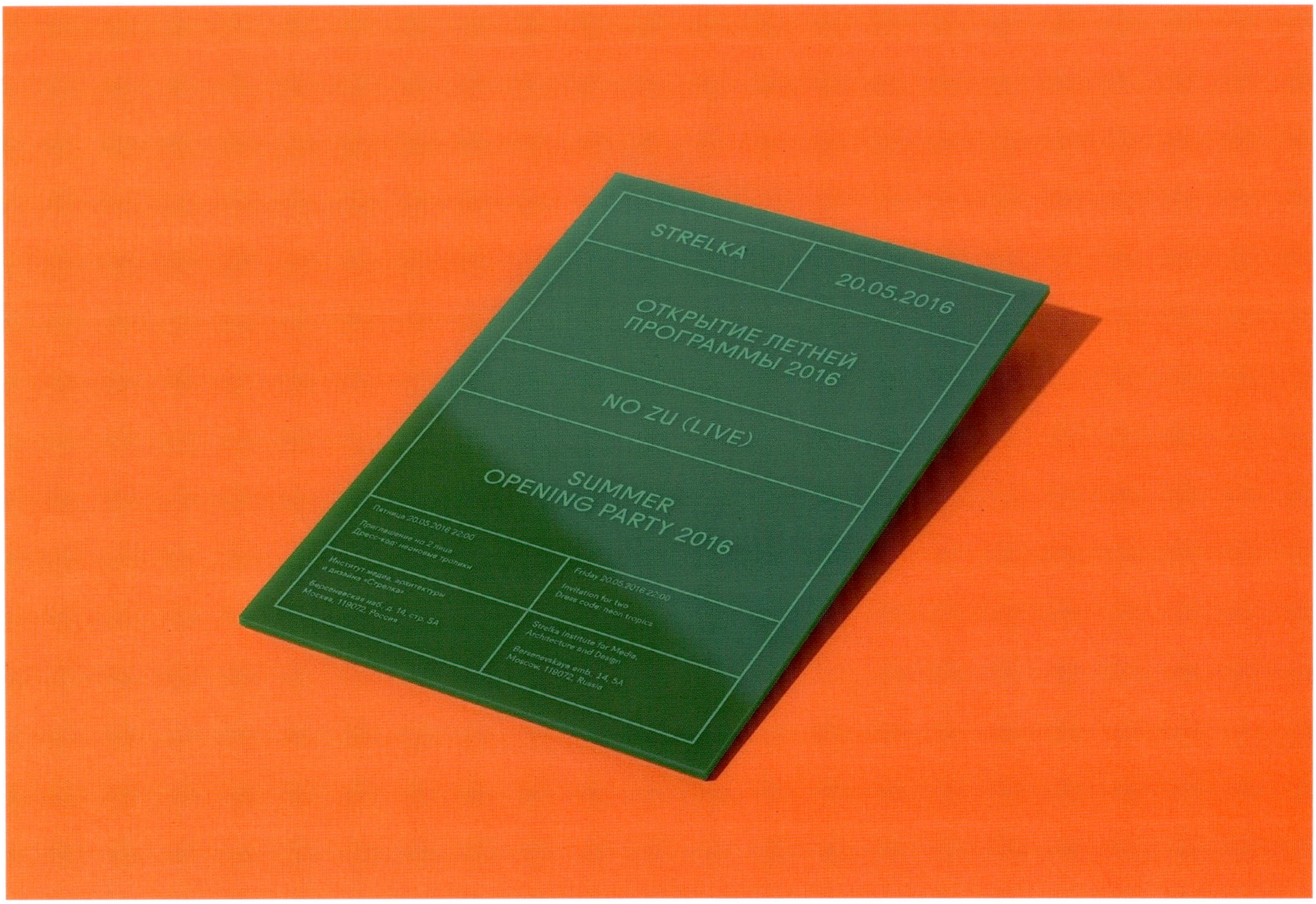
STRELKA
20.05.2016
ОТКРЫТИЕ ЛЕТНЕЙ
ПРОГРАММЫ 2016
NO ZU (LIVE)
SUMMER
OPENING PARTY 2016
Пятница 20.05.2016 22:00
Приглашение на 2 лица
Дресс-код: неоновые тропики
Институт медиа, архитектуры
и дизайна «Стрелка»
Берсеневская наб. д. 14, стр. 5А
Москва, 119072, Россия
Friday 20.05.2016 22:00
Invitation for two
Dress code: neon tropics
Strelka Institute for Media,
Architecture and Design
Bersenevskaya emb. 14, 5A
Moscow, 119072, Russia

STRELKA SUMMER
CLOSING PARTY
RONNIE HEART
(US, LIVE)
23.09.16
22:00
www.strelka.com
14/ 5A, Bersenevskaya emb.
MARK SCHEDRIN
ANTON SEVIDOV (TESLA BOY)

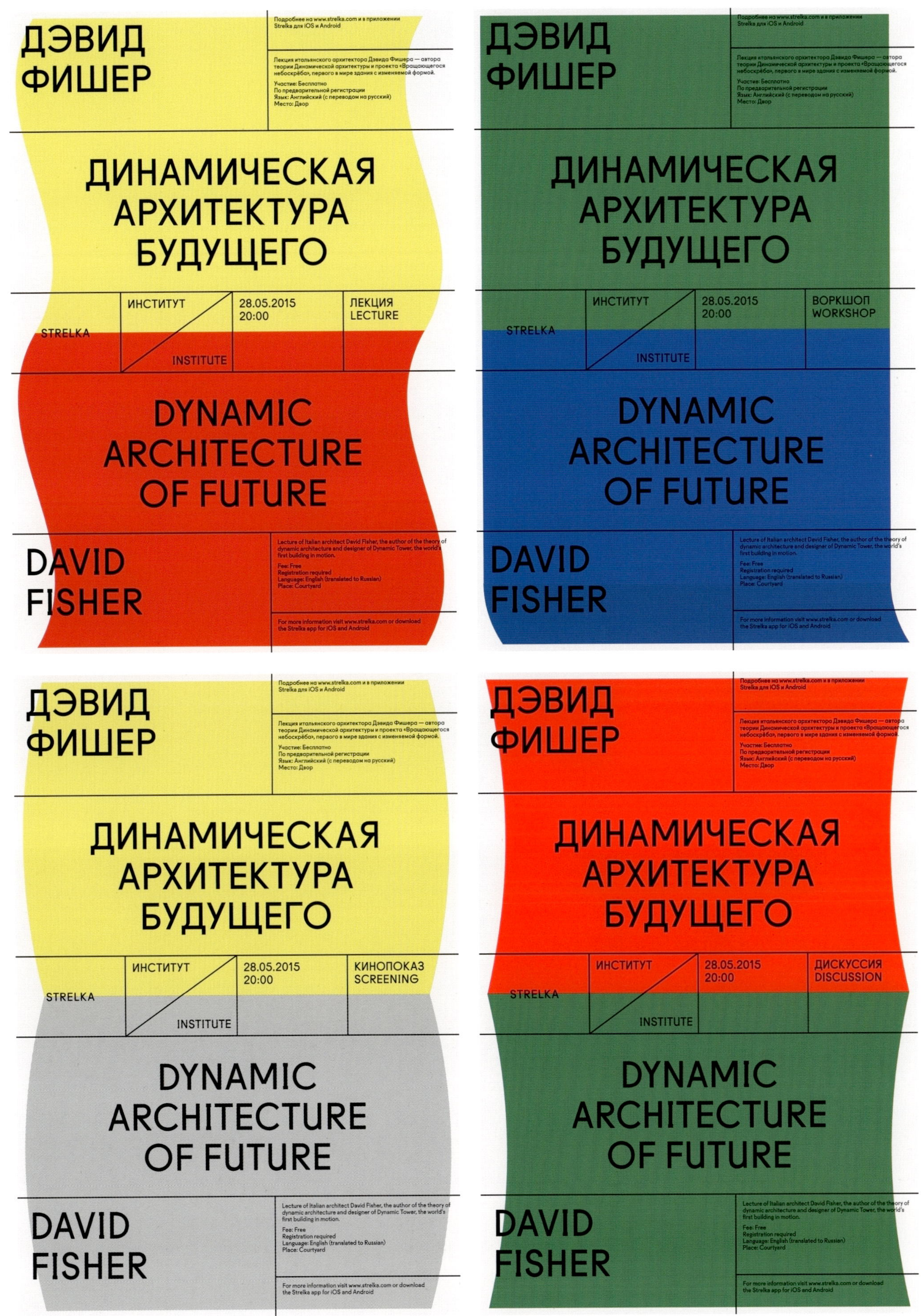
ДЭВИД
ФИШЕР

ДИНАМИЧЕСКАЯ
АРХИТЕКТУРА
БУДУЩЕГО

ИНСТИТУТ
STRELKA
INSTITUTE

28.05.2015
20:00

ЛЕКЦИЯ
LECTURE

DYNAMIC
ARCHITECTURE
OF FUTURE

DAVID
FISHER

ДЭВИД
ФИШЕР

ДИНАМИЧЕСКАЯ
АРХИТЕКТУРА
БУДУЩЕГО

ИНСТИТУТ
STRELKA
INSTITUTE

28.05.2015
20:00

ВОРКШОП
WORKSHOP

DYNAMIC
ARCHITECTURE
OF FUTURE

DAVID
FISHER

ДЭВИД
ФИШЕР

ДИНАМИЧЕСКАЯ
АРХИТЕКТУРА
БУДУЩЕГО

ИНСТИТУТ
STRELKA
INSTITUTE

28.05.2015
20:00

КИНОПОКАЗ
SCREENING

DYNAMIC
ARCHITECTURE
OF FUTURE

DAVID
FISHER

ДЭВИД
ФИШЕР

ДИНАМИЧЕСКАЯ
АРХИТЕКТУРА
БУДУЩЕГО

ИНСТИТУТ
STRELKA
INSTITUTE

28.05.2015
20:00

ДИСКУССИЯ
DISCUSSION

DYNAMIC
ARCHITECTURE
OF FUTURE

DAVID
FISHER

STRELKA SUMMER
OPENING PARTY
19.05/22:00
MARK SCHEDRIN
LIPELIS, SPUTNIK
ANNA
MEREDITH
(UK, LIVE)

STRELKA SUMMER
OPENING PARTY
19.05/22:00
MARK SCHEDRIN
ANNA
MEREDITH
(UK, LIVE)

STRELKA SUMMER
OPENING PARTY
19.05/22:00
MARK SCHEDRIN
LIPELIS, SPUTNIK
ANNA
MEREDITH
(UK, LIVE)

STRELKA SUMMER
OPENING PARTY
19.05/22:00
MARK SCHEDRIN
ANNA
MEREDITH
(UK, LIVE)

STRELKA SUMMER
OPENING PARTY
19.05/22:00
LIPELIS, SPUTNIK
LIPELIS, SPUTNIK
ANNA
MEREDITH
(UK, LIVE)

STRELKA SUMMER
OPENING PARTY
19.05/22:00
LIPELIS, SPUTNIK
MARK SCHEDRIN
ANNA
MEREDITH
(UK, LIVE)

STRELKA SUMMER
OPENING PARTY
19.05/22:00
MARK SCHEDRIN
ANNA
MEREDITH
(UK, LIVE)

STRELKA SUMMER
OPENING PARTY
19.05/22:00
MARK SCHEDRIN
LIPELIS, SPUTNIK
ANNA
MEREDITH
(UK, LIVE)

STRELKA SUMMER
OPENING PARTY
19.05/22:00
MARK SCHEDRIN
LIPELIS, SPUTNIK
ANNA
MEREDITH
(UK, LIVE)

14, Bldg. 5A,
Bersenevskaya Embankment

always try to keep it simple in my work, even when it's already simple, I think, 'could it be any simpler?' Simplicity gives me pleasure.

Every year at the Strelka Institute we had a public programme called 'Summer at Strelka'. It consists of four to five months of endless events, lectures, workshops, parties, concerts and movies—it's the most jam-packed period of the institute.

One of my big tasks at the Strelka Institute was the identity of this programme, which would need to fulfil a large number of requirements, such as being able to work on multiple sites and be modified to various applications.

In 2017, I used one of the basic elements of the Strelka identity—the grid—as a starting point. I took the grid and turned the resulting squares into posters displaying the events that would be held at the institute. I distorted the rectangles in to different shapes to create a dynamic aesthetic and to reflect the mood of summer and a sense of diversity. The colour scheme was based on the basic colours of the Strelka Institute: red, blue, yellow, black and an added green—the colour of summer.

This way I was able to construct an identity which would help me to cope with all of the identity's assets.

My favourite kind of system, is when one identity can be applied differently in a variety of applications. It becomes a kind of interesting game to ensure it doesn't look boring and makes the process more enjoyable for myself and the intended audience.

This group of elements formed a poster, while a separate red element, in the form of a flag, served as an invitation to the opening and the ungrouped poster became the entryway signage, and so on.

STRELKA
SUMMER
CLOSING
PARTY
STRELKA
16.09.2017
ЗАКРЫТИЕ
ЛЕТНЕЙ
ПРОГРАММЫ
2017
SUMMER
CLOSING
PARTY
2017
CLOUD
IMMERSIVE PERFORMANCE
PSYCHEMAGIK (UK)
JAMESON

СЕМИНАР
SEMINAR
НЕОЖИДАННЫЙ
РАКУРС:
КАК ЗАМЕНИТЬ
ОПЕРАТОРА
ДРОНОМ
UNEXPECTED
PERSPECTIVE:
HOW TO REPLACE
AN OPERATOR
WITH A DRONE
ЛИАМ ЯНГ
LIAM YOUNG
STRELKA
ИНСТИТУТ
INSTI

INSTITUTE
STRELKA SUMMER
OPENING PARTY
19.05/22:00
ANNA
MEREDITH
(UK, LIVE)
MARK SCHEDRIN
LIPELIS, SPUTNIK
STRELKA SUMMER
OPENING PARTY
19.05/22:00
ANNA
MEREDITH
(UK, LIVE)

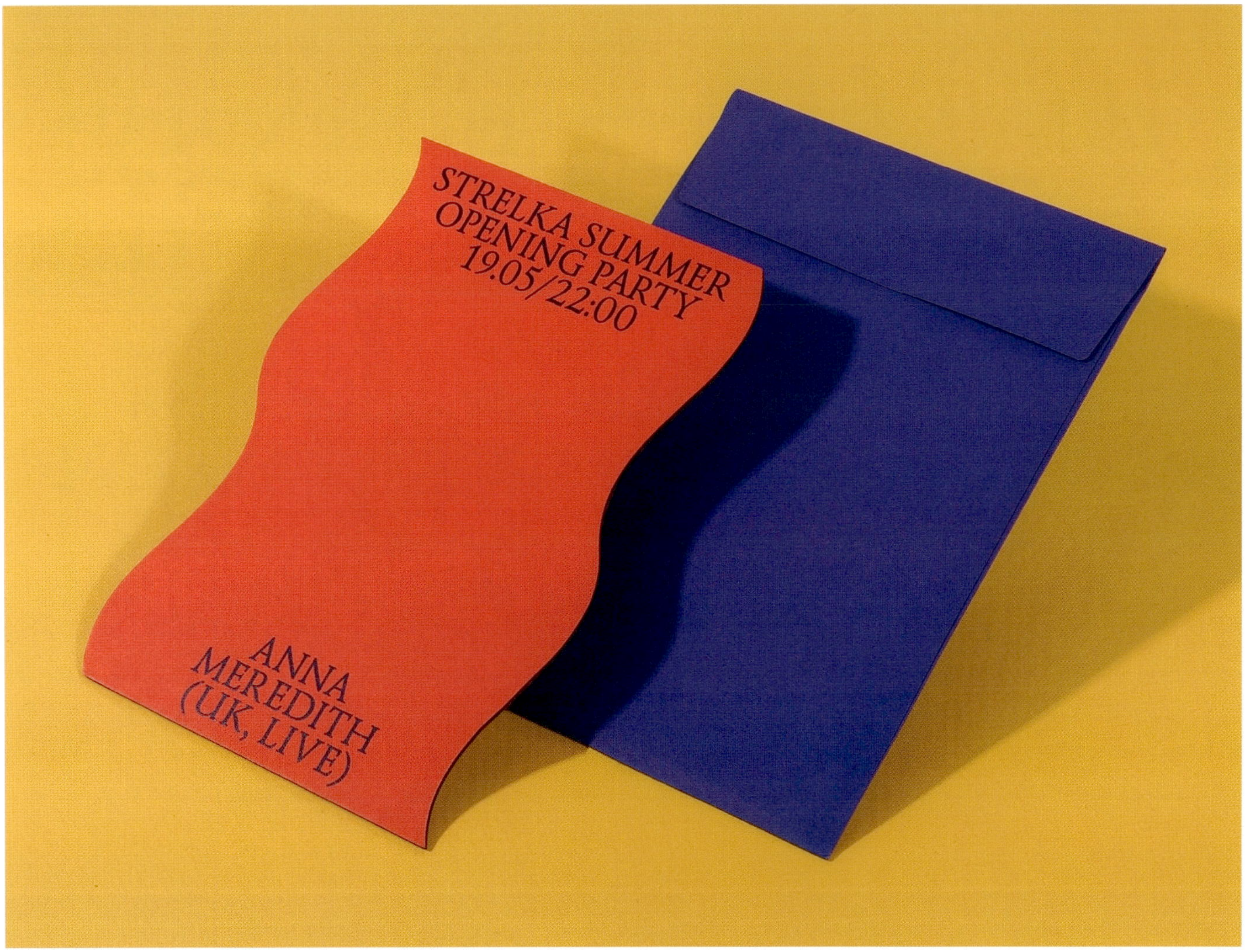

STRELKA SUMMER CLOSING PARTY

CLOUD

INTERACTIVE PERFORMANCE

14, Bldg. 5A,
Bersenevskaya Embankment

16.09.17 22:00

PSYCHE-MAGIK UK, DJ SET

#strelkasummer
strelka.com

MARK SCHEDRIN

STRELKA
SUMMER
CLOSING
PARTY

16.09.17
22:00

14, Bldg. 5A,
Bersenevskaya Embankment
Moscow, 119072, Russia

IMMERSIVE PERFORMANCE

PSYCHE-
MAGIK
(UK)

strelka.com

CLOUD

MARK SCHEDRIN

Sun Ra Arkestra came to play at Strelka's summer opening in 2018. A legendary band. Working on this event was a huge honour for me. They have such a strong character and style, and I really wanted to reflect that in the identity.

Whenever I work on a project—whether it's an identity or just a poster—I always try to find something simple and obvious, as clear as geometry. I had a teacher in art school who once told me, 'Kulachëk, you should draw so no one can see your sweat'. That's exactly how I try to approach graphic design.

Once I find those essential elements, I treat them like building blocks, playing with them like a construction set, assembling all the necessary pieces of an identity or a poster. It's my own game, my own rules.

For this poster, I drew inspiration from the recurring sun motifs on the Sun Ra Arkestra's CDs and clothing. I also wanted to capture the psychedelic energy of jazz.

Font choice has never been a primary concern for me. What matters most is proportion and how it's applied. The typeface and shapes should work together seamlessly—like ingredients in the same dish, complementing rather than competing with each other.

SUN RA
US, LIVE
ARKESTRA
STRELKA
SUMMER
OPENING PARTY
MAY 25
22:00
MARK SCHEDRIN
KIRILL IVANOV

SUN RA
ARKESTRA
LIVE
22:00
MAY 25
MARK SCHEDRIN
KIRILL IVANOV
ST-
RELKA
SUMMER
OPENING 2018

КОНФЕРЕНЦИЯ
CONFERENCE
21–24.08
18:00
СОВРЕМЕННАЯ
РОССИЯ
CONTEMPORARY
RUSSIA
Исследователи, маркетологи
и разработчики расскажут
о российской повседневности
Researchers, marketologies
and developers describe
Russian everyday life
День 1. Деньги, ценности
и счастье
День 2. Человек, перемещение
и пространство
День 3. Слово, сеть
и безопасность
День 4. Культурный код
и айдентика
Day 1. Money, Values
and Happiness
Day 2. Human, Mobility and
Space
Day 3. Word, Network
and Security
Day 4. Culture Code
and Brand Identity
ИНСТИТУТ
STRELKA
INSTITUTE

CONFERENCE КОНФЕРЕНЦИЯ
СОВРЕМЕННАЯ РОССИЯ. CONTEMPORARY RUSSIA
Яндекс Такси
21.08–24.08
СОВРЕМЕННАЯ РОССИЯ: CONTEMPORARY RUSSIA

СОВРЕМЕННАЯ РОССИЯ CONTEMPORARY RUSSIA
21–24.08
18:00
КОНФЕРЕНЦИЯ CONFERENCE
Исследователи, маркетологи и разработчики расскажут о российской повседневности
Researchers, marketing specialists and developers describe Russian everyday life
День 1. Деньги, ценности и счастье
День 2. Человек, перемещение и пространство
День 3. Слово, сеть и безопасность
День 4. Культурный код и айдентика

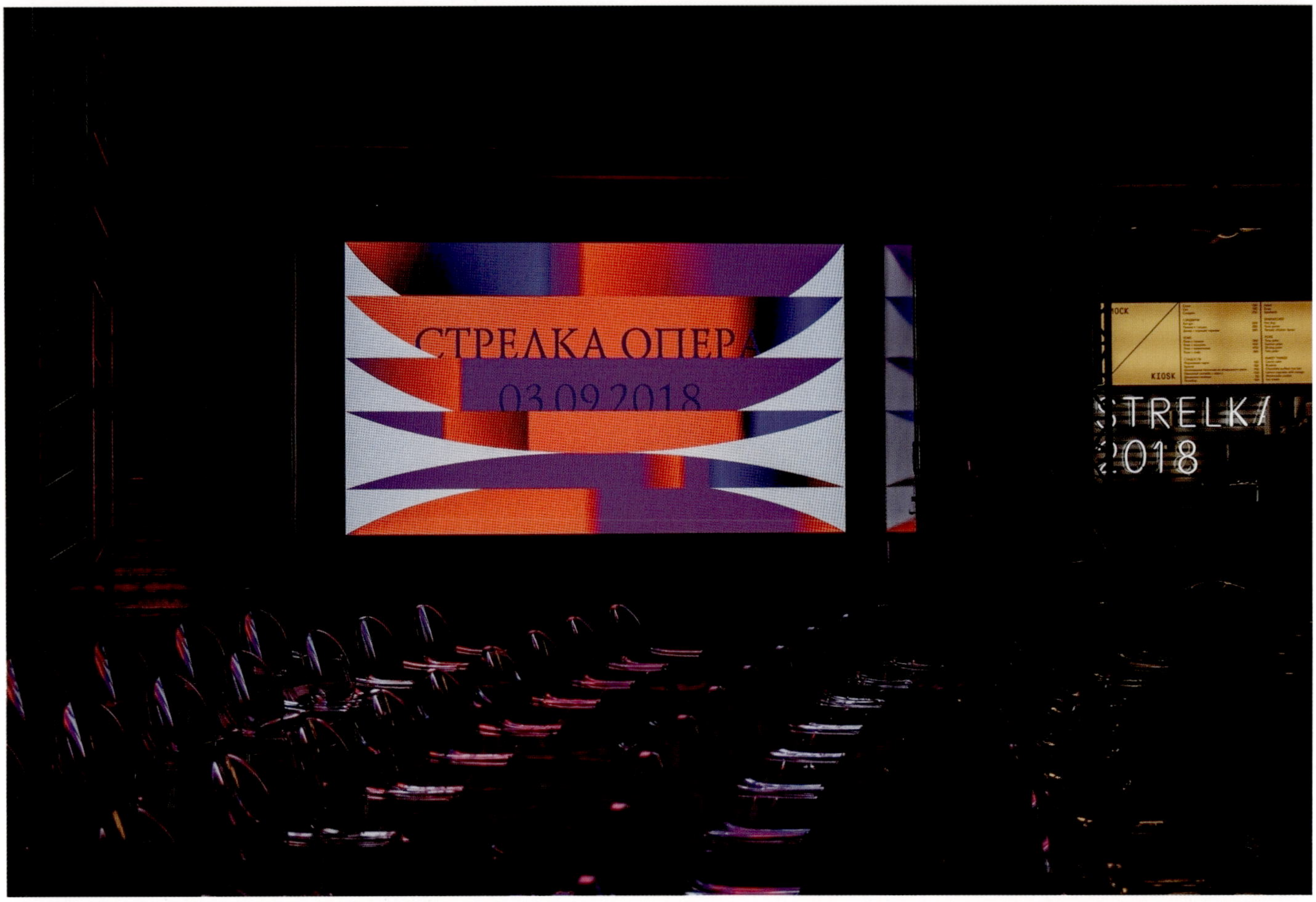

СТРЕЛКА ОПЕРА
03.09.2018
STRELKA
2018

СТРЕЛКА
ОПЕРА
STRELKA
OPERA
03.09.2018
19:00

WW.STRELKA.C
ОПЕРА НА СТРЕЛКЕ
OPERA AT STRELKA
03.09.2018
19·00
OPERA
AT STRELKA
14, BLDG. 5A,
BERSENEVSKAYA EMB.
АНТОНИО ВИВАЛЬДИ И ГЕОРГ ГЕНДЕЛЬ
В барочном исполнении вокалистов
Дмитрия Синьковского и Лилии Гайсиной

HAPPY
NEW YEAR
STRELKA
2019
С НОВЫМ
ГОДОМ

С НОВЫМ ГОДОМ
STRELKA
HAPPY NEW YEAR
2019

HAPPY NEW YEAR
STRELKA
2019
С НОВЫМ ГОДОМ

С НОВЫМ ГОДОМ
STRELKA
HAPPY NEW YEAR
2019

HAPPY NEW YEAR
STRELKA
2019
С НОВЫМ ГОДОМ

С НОВЫМ ГОДОМ
STRELKA
HAPPY NEW YEAR
2019

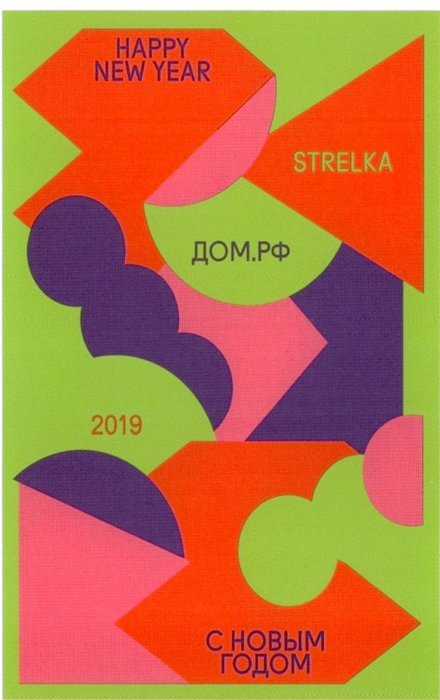
HAPPY NEW YEAR
STRELKA
ДОМ.РФ
2019
С НОВЫМ ГОДОМ

HAPPY NEW YEAR
STRELKA
VOLVO
2019
С НОВЫМ ГОДОМ

HAPPY NEW YEAR
STRELKA
INGRAD
2019
С НОВЫМ ГОДОМ

HAPPY NEW YEAR
STRELKA
LEVIS
2019
С НОВЫМ ГОДОМ

STRELKA 10 YEARS ANNIVERSARY: Strelka Institute. 2019.

STRELKA X SUMMER
PRE-OPENING GALA
16.05.19, 20:00

ПРИГЛАШЕНИЕ
НА 2 ЛИЦА

КИРИЛЛ РИХТЕР:
ИЗБРАННЫЕ ПРОИЗВЕДЕНИЯ ДЛЯ КАМЕРНОГО ОРКЕСТРА

БЕРСЕНЕВСКАЯ НАБ.,
14, СТР 5А

ДРЕСС КОД:
BLACK TIE

STRELKA X
SUMMER OPENING PARTY
MARK SCHEDRIN
SONYA MUNTYAN
17.05.19, 22:00
THE MAUSKOVIC DANCE BAND (NL, LIVE)
DRESS CODE: CELEBRATION TAPE
BERSENEVSKAYA EMB. 14, 5

STRELKA X
SUMMER
STRELKA X
SUMMER
STRELKA X
SUMMER
STRELKA X
SUMMER
STRELKA X
SUMMER

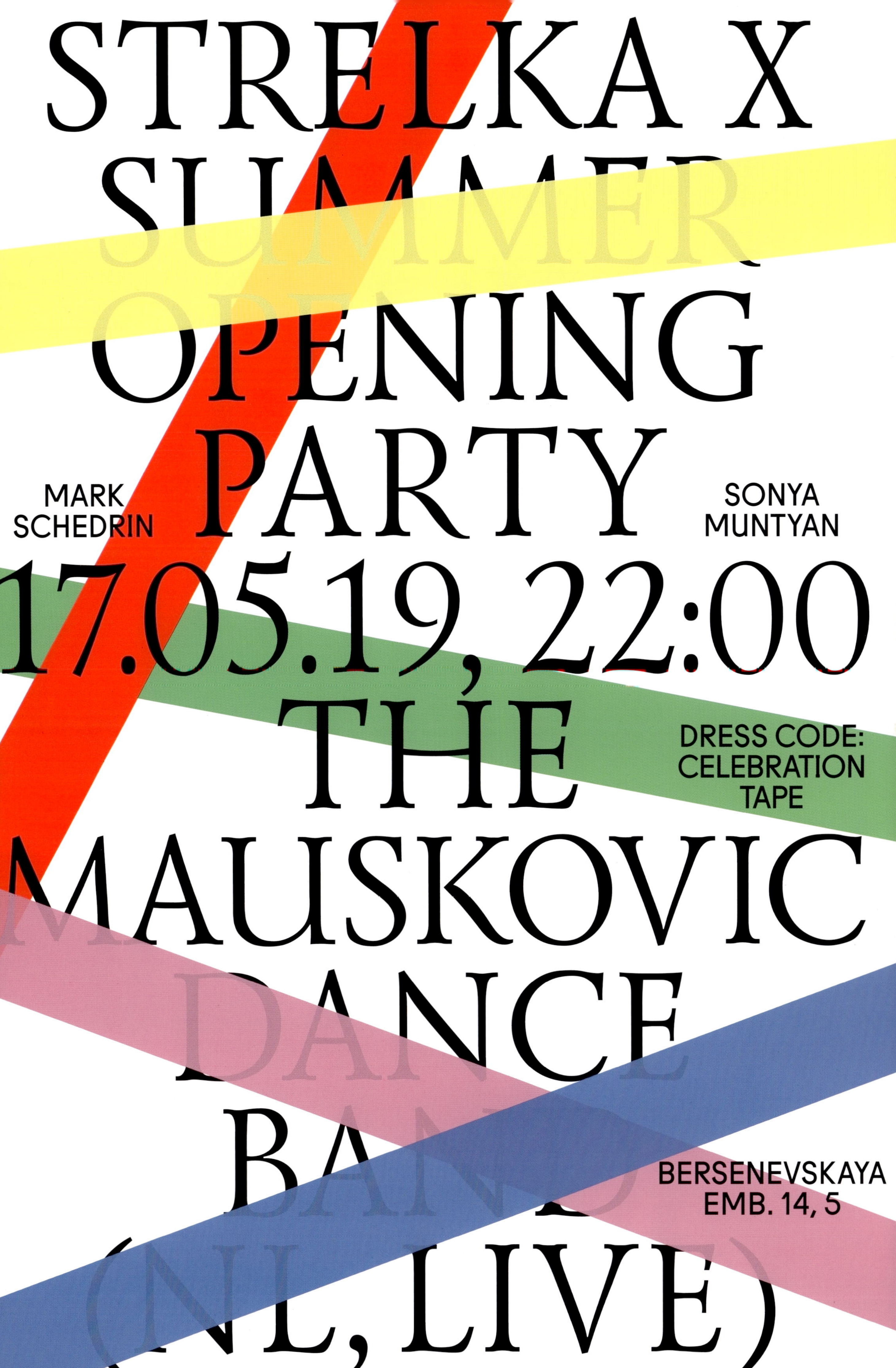

STRELKA X SUMMER
OPENING PARTY
MARK SCHEDRIN
SONYA MUNTYAN
17.05.19, 22:00
THE MAUSKOVIC DANCE BAND (NL, LIVE)
DRESS CODE: CELEBRATION TAPE
BERSENEVSKAYA EMB. 14, 5

STRELKA
ИНСТИТУТ
STRELKA X
SUMMER
INSTITUTE
ПОДРОБНЕЕ
НА WWW.STRELKA.COM
FOR MORE INFORMATION
VISIT WWW.STRELKA.COM
ДЕСЯТОЕ
ЛЕТО
НА СТРЕЛКЕ
14·5 Стрелка

UX ДЛЯ AI:
ПОЧЕМУ МЫ В ОТВЕТЕ
ЗА ТЕХ, КОГО ОБУЧИЛИ
UX FOR AI:
WHY WE'RE RESPONSIBLE
FOR THOSE WE TRAINED
ЛЕКЦИЯ
LECTURE
БЕРТОН РАСТ
BURTON RAST
STRELKA

STRELKA
STRELKA X SUMMER OPENING PARTY 17.05.19 22:00 THE MAUSKOVIC DANCE BAND (NL LIVE)
STRELKA X OPENING PARTY 17.05.19 22:00 THE MAUSKOVIC DANCE BAND (NL LIVE)

СТРЕЛКА
ИНСТИТУТ
HAPPY
NEW
YEAR
2020
С
НОВЫМ
ГОДОМ
STRELKA
INSTITUTE

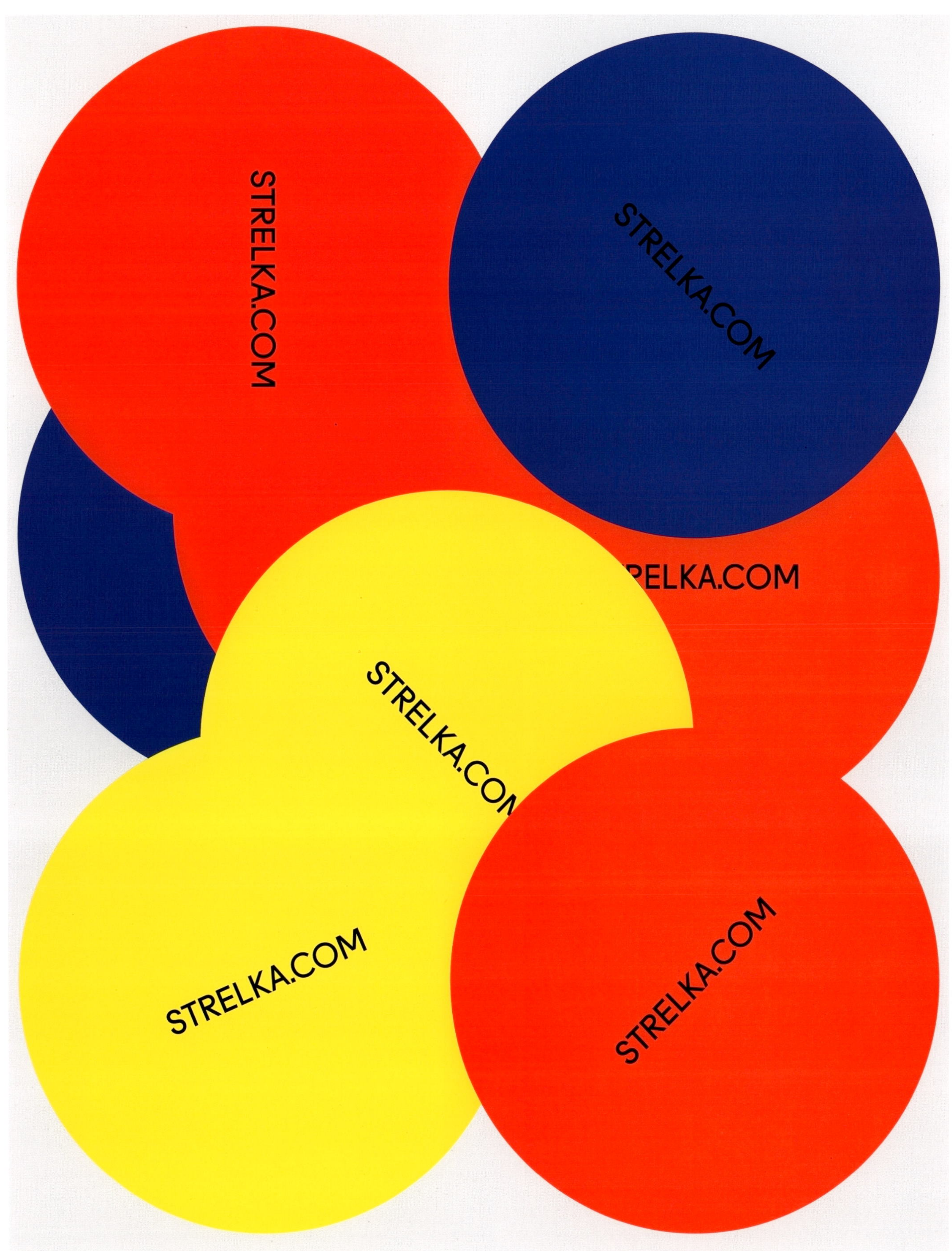

STRELKA.COM
STRELKA.COM
STRELKA.COM
STRELKA.COM
STRELKA.COM
STRELKA.COM

ЛЕТО
НА
СТРЕЛКЕ
2021:
ОТКРЫТЫЙ КОД
STRELKA
2021: OPEN CODE
STRELKA SUMMER 2021:
STRELKA SUMMER 2021:
STRELKA SUMMER 2021:
STRELKA SUMMER 2021:
STRELKA SUMMER 2021: OPEN
ЛЕТО НА СТРЕЛКЕ 2021: ОТКРЫТЫЙ КОД
STRELKA SUMMER 2021: OPEN CODE   STRELKA SUM-
MER 2021: OPEN CODE   STRELKA SUMMER 2021: OPEN
STRELKA SUMMER 2021: OPEN CODE ЛЕТО НА
СТРЕЛКЕ 2021: ОТКРЫТЫЙ КОД   STRELKA SUMMER
2021: OPEN CODE   STRELKA SUMMER 2021: OPEN CODE
STRELKA SUMMER 2021: OPEN CODE   STRELKA
SUMMER 2021: OPEN CODE   STRELKA SUMMER 2021:
OPEN CODE   STRELKA SUMMER 2021: OPEN CODE
ЛЕТО НА СТРЕЛКЕ 2021: ОТКРЫТЫЙ КОД   STRELKA
SUMMER 2021: OPEN CODE   STRELKA SUMMER 2021:
OPEN CODE   ЛЕТО НА СТРЕЛКЕ 2021: ОТКРЫТЫЙ
SUMMER
CODE
OPEN CODE
OPEN CODE
OPEN CODE
CODE

ЛЕТО НА
СТРЕЛКЕ 2021:
ОТКРЫТЫЙ КОД
STRELKA
SUMMER 2021:
OPEN CODE
STRELKA SUM-
MER 2021: OPEN
CODE
STRELKA SUMMER
2021: OPEN CODE
STREL-
KA SUMMER 2021:
OPEN CODE
STRELKA SUM-
MER 2021: OPEN CODE
STRELKA
SUMMER 2021: OPEN
STRELKA
OPEN CODE
OPEN CODE
STRELKA
STRELKA SUMMER
STRELKA SUMMER 2021: OPEN CODE ЛЕТО НА СТРЕЛКЕ 2021: ОТКРЫТЫЙ КОД
STRELKA SUMMER 2021: OPEN CODE
STRELKA SUMMER 2021: OPEN CODE   STREL-
KA SUMMER 2021: OPEN CODE   STRELKA SUM-
MER 2021: OPEN CODE   STRELKA SUMMER 2021:
CODE
SUMMER 2021:
STRELKA SUMMER 2021:
STRELKA SUMMER 2021: OPEN CODE
SUMMER 2021: OPEN CODE
2021: OPEN CODE ЛЕТО НА СТРЕЛКЕ 2021: ОТКРЫТЫЙ КОД

ЛЕТО
НА
СТРЕЛКЕ
2021:
ОТКРЫТЫЙ
КОД
STREL-
KA SUMMER
2021: OPEN
CODE
STRELKA
SUMMER 2021:
OPEN CODE
STRELKA SUM-
OPEN CODE
STRELKA SUMMER 2021:
STRELKA SUMMER
STRELKA SUM-
STRELKA SUMMER 2021:
STRELKA SUMMER 2021: OPEN CODE
STRELKA SUMMER 2021: OPEN CODE ЛЕТО
НА СТРЕЛКЕ 2021: ОТКРЫТЫЙ КОД   STREL-
KA SUMMER 2021: OPEN CODE   STRELKA SUM-
MER 2021: OPEN CODE   STRELKA SUMMER 2021:
MER 2021:
OPEN CODE
2021: OPEN CODE
MER 2021: OPEN CODE
MER 2021: OPEN CODE
OPEN CODE
CODE

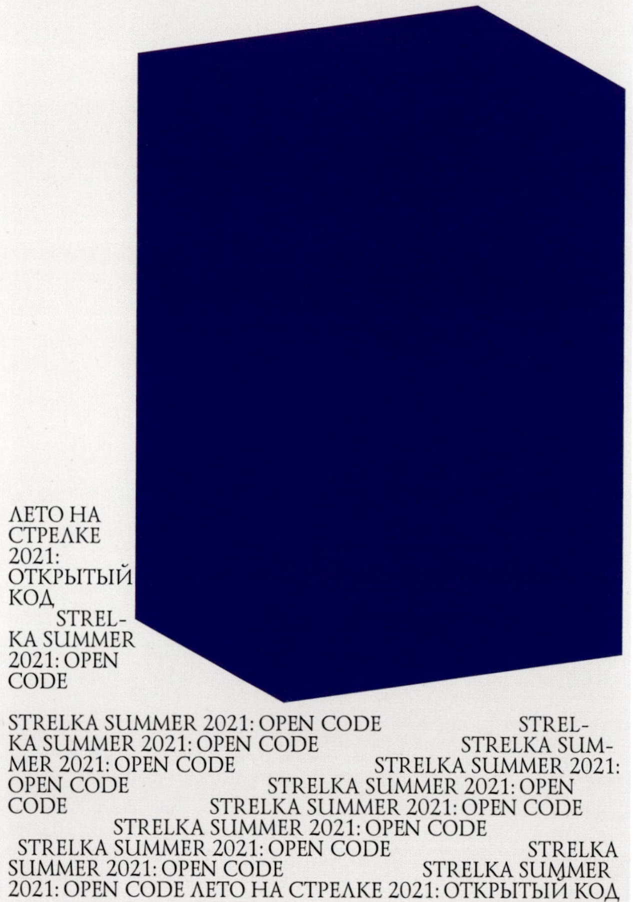

ЛЕТО НА
СТРЕЛКЕ
2021:
ОТКРЫТЫЙ
КОД
STREL-
KA SUMMER
2021: OPEN
CODE
STRELKA SUMMER 2021: OPEN CODE   STREL-
KA SUMMER 2021: OPEN CODE   STRELKA SUM-
MER 2021: OPEN CODE   STRELKA SUMMER 2021:
OPEN CODE   STRELKA SUMMER 2021: OPEN
CODE   STRELKA SUMMER 2021: OPEN CODE
STRELKA SUMMER 2021: OPEN CODE
STRELKA SUMMER 2021: OPEN CODE   STRELKA
SUMMER 2021: OPEN CODE   STRELKA SUMMER
2021: OPEN CODE ЛЕТО НА СТРЕЛКЕ 2021: ОТКРЫТЫЙ КОД

JAMESON
AR SUMMER
BALL
AMES-
ON YARD
TREL-
UMMER
ALL
YARD
AR

ON

28.
05.
2021

22:
00

ALL
STARS
BAND

YARD X STRELKA
OPENING

X
KA BAR
OPENING
JAMESON
X STRELKA
SUMMER
OPENING
BALL   JAMES-
YARD X STREL-
KA BAR SUM-
MER OPENING
BALL JAMESON
YARD X STRELKA
BAR SUMMER OPEN-
ING BALL   JAMESON
YARD X STRELKA BAR
SUMMER OPENING
BALL   JAMESON YARD X
STRELKA BAR SUMMER
JAMESON YARD
KA BAR SUMMER OPENING
ON YARD X STRELKA BAR

KITO
EM-
PERE

OPENING BALL
X STREL-
BALL   JAMES-
SUMMER OPENING
BALL JAMESON
YARD X STRELKA BAR SUMMER OPENING BAL
JAMESON YARD X STRELKA BAR SUMMER OPENING
BALL JAMESON YARD X   STRELKA BAR
SUMMER OPENING BALL   JAMESON YARD X
STRELKA BAR SUMMER   OPENING BALL
JAMESON YARD X   STRELKA BAR
SUMMER OPEN-   ING BALL
JAMESON YARD   X
STRELKA BAR
SUMMER OPENING
BALL   JAMESON YARD X
STRELKA BAR SUMMER
OPENING BALL JAMESON
YARD X STRELKA BAR SUMMER
OPENING BALL   JAMESON YARD X

MARK
SCHEDRIN

STRELKA
ИНСТИТУТ
INSTITUTE

ГИБРИДНЫЙ ГОРОД:
КАК ЛЮДЯМ
И ТЕХНОЛОГИЯМ
СУЩЕСТВОВАТЬ
В ОДНОЙ СРЕДЕ?

12.07.2021
20:00

ДИСКУССИЯ

ДВОР ИНСТИТУТА
РУССКИЙ ЯЗЫК
БЕСПЛАТНО

ЕКАТЕРИНА ЛЕТУНОВСКАЯ
ИВАН МЕДВЕДЕВ
ОЛЕГ ЮСУПОВ
РУСЛАН ДОХОВ
КСЕНИЯ ПРОКА
АННА ТАГАНЦЕВА–КОБЗЕВА

ИНСТИТУТ
ROSBANK FUTURE CITIES
STRELKA
INSTITUTE

ЛЕТО НА СТРЕЛКЕ 2021: ОТКРЫТЫЙ КОД
STRELKA SUMMER 2021: OPEN CODE
STRELKA SUMMER 2021: OPEN CODE
STRELKA SUMMER 2021: OPEN CODE
STRELKA SUMMER 2021: OPEN CODE
STRELKA SUMMER 2021: OPEN CODE
MER 2021: STRELKA SUM-
MER 2021: OPEN CODE
CODE STRELKA SUMMER 2021: OPEN
CODE STRELKA SUMMER 2021: OPEN
STRELKA SUMMER 2021: OPEN CODE
STRELKA SUMMER 2021: OPEN CODE ЛЕТО НА СТРЕЛКЕ
2021: ОТКРЫТЫЙ КОД STRELKA SUMMER
2021: OPEN CODE STRELKA SUMMER 2021:
OPEN CODE STRELKA SUMMER 2021: OPEN
CODE STRELKA SUMMER 2021: OPEN CODE
STRELKA SUMMER 2021: OPEN CODE

ИСКУССТВО СТЕЙДЖ-ДИЗАЙНА:
КАК SIGNAL И MUTABOR СТРОЯТ
ИЗ ДЫМА И СВЕТА
ЛЕКЦИЯ
13 ИЮЛЯ, 20:00
МИТРИЙ ЗНАМЕНСКИЙ
ПАВЕЛ ЗМУНЧИЛА

STRELKA
30.06, 23:00
NINOS
DU BRASIL
(IT, LIVE)
ANNA
MEREDITH
(UK, LIVE)
SONYA
MUNTYAN
CHRIS
KONTOS
ST. RELKA
SUMMER
OPENING 2018
ИСКУССТВО
СТЕЙДЖ-ДИЗАЙНА:
КАК SIGNAL
И MUTABOR СТРОЯТ
ИЗ ДЫМА И СВЕТА
ДМИТРИЙ
ЗНАМЕНСКИЙ,
ПАВЕЛ ЗМУНЧИЛА

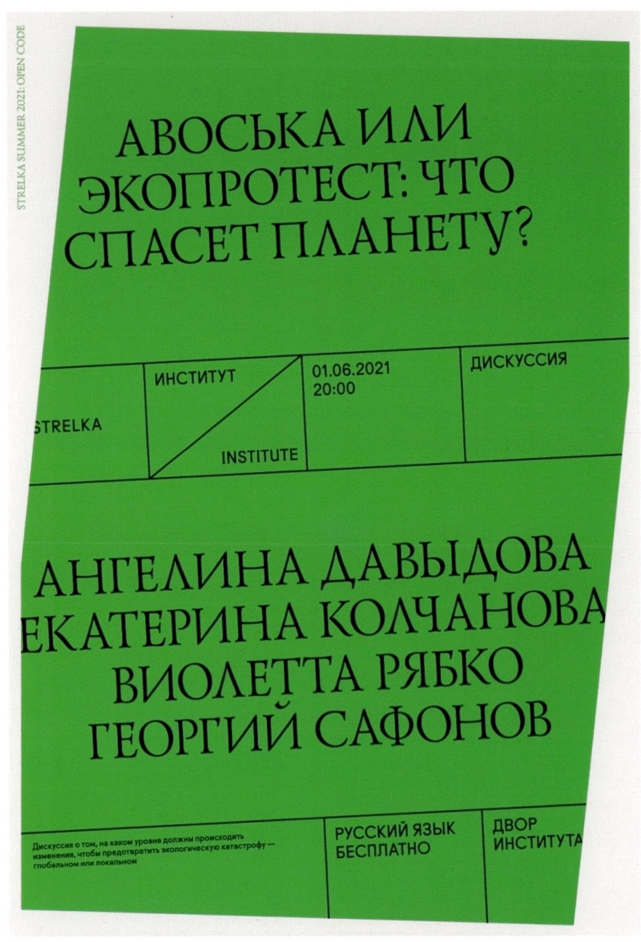
STRELKA SUMMER 2021: OPEN CODE
АВОСЬКА ИЛИ ЭКОПРОТЕСТ: ЧТО СПАСЕТ ПЛАНЕТУ?
STRELKA
ИНСТИТУТ
01.06.2021 20:00
ДИСКУССИЯ
INSTITUTE
АНГЕЛИНА ДАВЫДОВА
ЕКАТЕРИНА КОЛЧАНОВА
ВИОЛЕТТА РЯБКО
ГЕОРГИЙ САФОНОВ
Дискуссия о том, на каком уровне должны происходить изменения, чтобы предотвратить экологическую катастрофу — глобальном или локальном
РУССКИЙ ЯЗЫК БЕСПЛАТНО
ДВОР ИНСТИТУТА

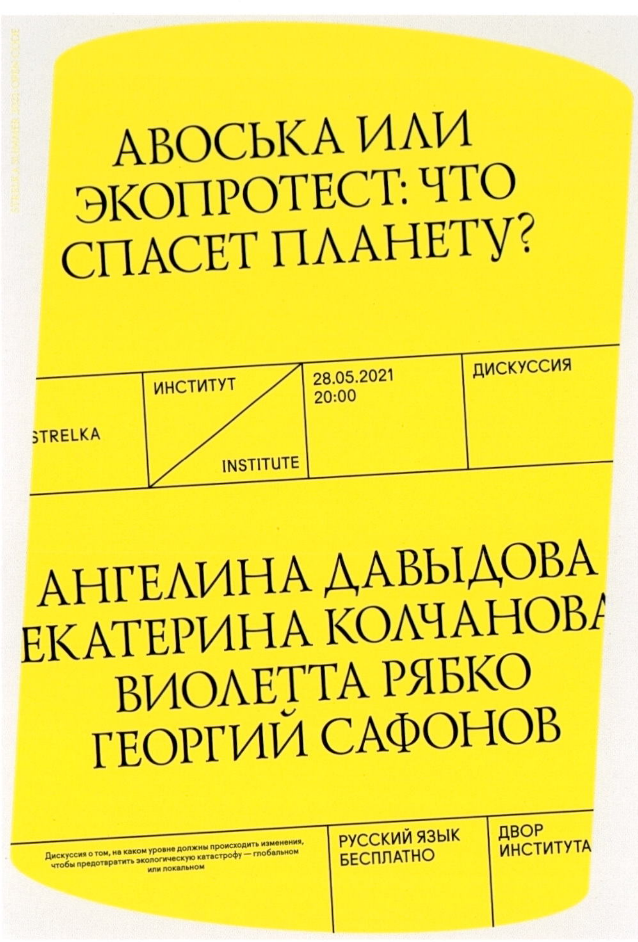
STRELKA SUMMER 2021: OPEN CODE
АВОСЬКА ИЛИ ЭКОПРОТЕСТ: ЧТО СПАСЕТ ПЛАНЕТУ?
STRELKA
ИНСТИТУТ
28.05.2021 20:00
ДИСКУССИЯ
INSTITUTE
АНГЕЛИНА ДАВЫДОВА
ЕКАТЕРИНА КОЛЧАНОВА
ВИОЛЕТТА РЯБКО
ГЕОРГИЙ САФОНОВ
Дискуссия о том, на каком уровне должны происходить изменения, чтобы предотвратить экологическую катастрофу — глобальном или локальном
РУССКИЙ ЯЗЫК БЕСПЛАТНО
ДВОР ИНСТИТУТА

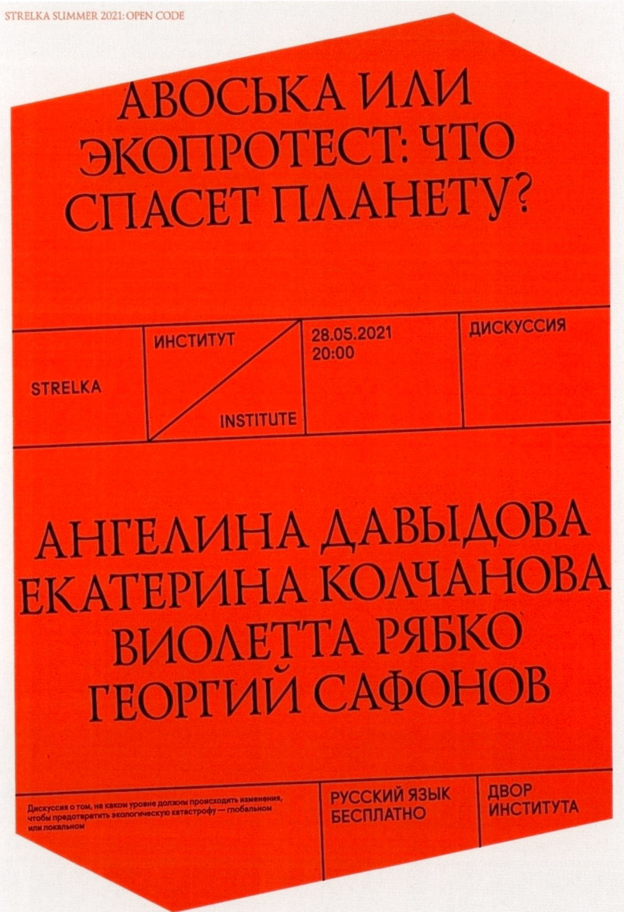
STRELKA SUMMER 2021: OPEN CODE
АВОСЬКА ИЛИ ЭКОПРОТЕСТ: ЧТО СПАСЕТ ПЛАНЕТУ?
STRELKA
ИНСТИТУТ
28.05.2021 20:00
ДИСКУССИЯ
INSTITUTE
АНГЕЛИНА ДАВЫДОВА
ЕКАТЕРИНА КОЛЧАНОВА
ВИОЛЕТТА РЯБКО
ГЕОРГИЙ САФОНОВ
Дискуссия о том, на каком уровне должны происходить изменения, чтобы предотвратить экологическую катастрофу — глобальном или локальном
РУССКИЙ ЯЗЫК БЕСПЛАТНО
ДВОР ИНСТИТУТА

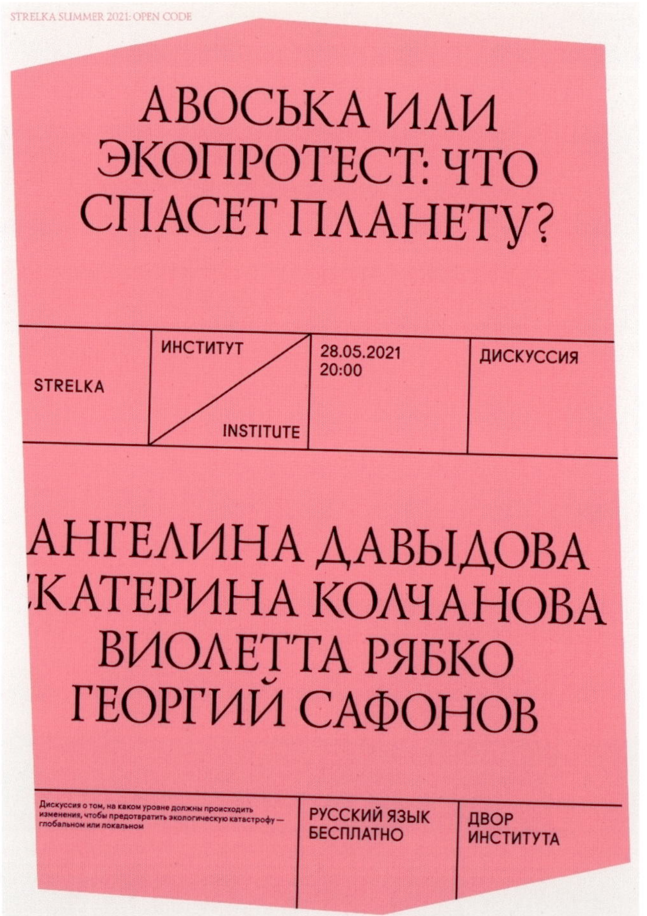
STRELKA SUMMER 2021: OPEN CODE
АВОСЬКА ИЛИ ЭКОПРОТЕСТ: ЧТО СПАСЕТ ПЛАНЕТУ?
STRELKA
ИНСТИТУТ
28.05.2021 20:00
ДИСКУССИЯ
INSTITUTE
АНГЕЛИНА ДАВЫДОВА
ЕКАТЕРИНА КОЛЧАНОВА
ВИОЛЕТТА РЯБКО
ГЕОРГИЙ САФОНОВ
Дискуссия о том, на каком уровне должны происходить изменения, чтобы предотвратить экологическую катастрофу — глобальном или локальном
РУССКИЙ ЯЗЫК БЕСПЛАТНО
ДВОР ИНСТИТУТА

АВОСЬКА ИЛИ ЭКОПРОТЕСТ: ЧТО СПАСЕТ ПЛАНЕТУ?

STRELKA	ИНСТИТУТ / INSTITUTE	28.05.2021 20:00	ДИСКУССИЯ

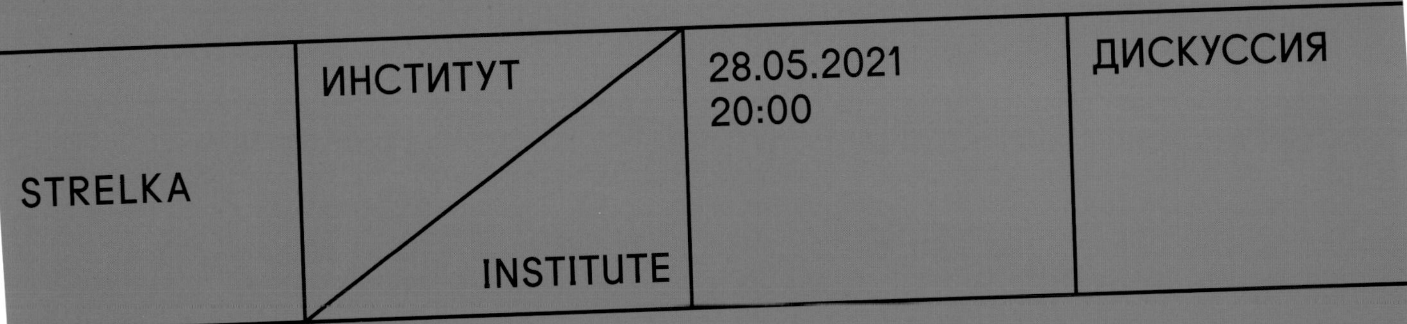

Дискуссия о том, на каком уровне должны происходить изменения, чтобы предотвратить экологическую катастрофу — глобальном или локальном	РУССКИЙ ЯЗЫК БЕСПЛАТНО	ДВОР ИНСТИТУТА

Happy New Year!
С Новым Годом!
2022
Strelka Institute

DESIGN

THE NEW NORMAL

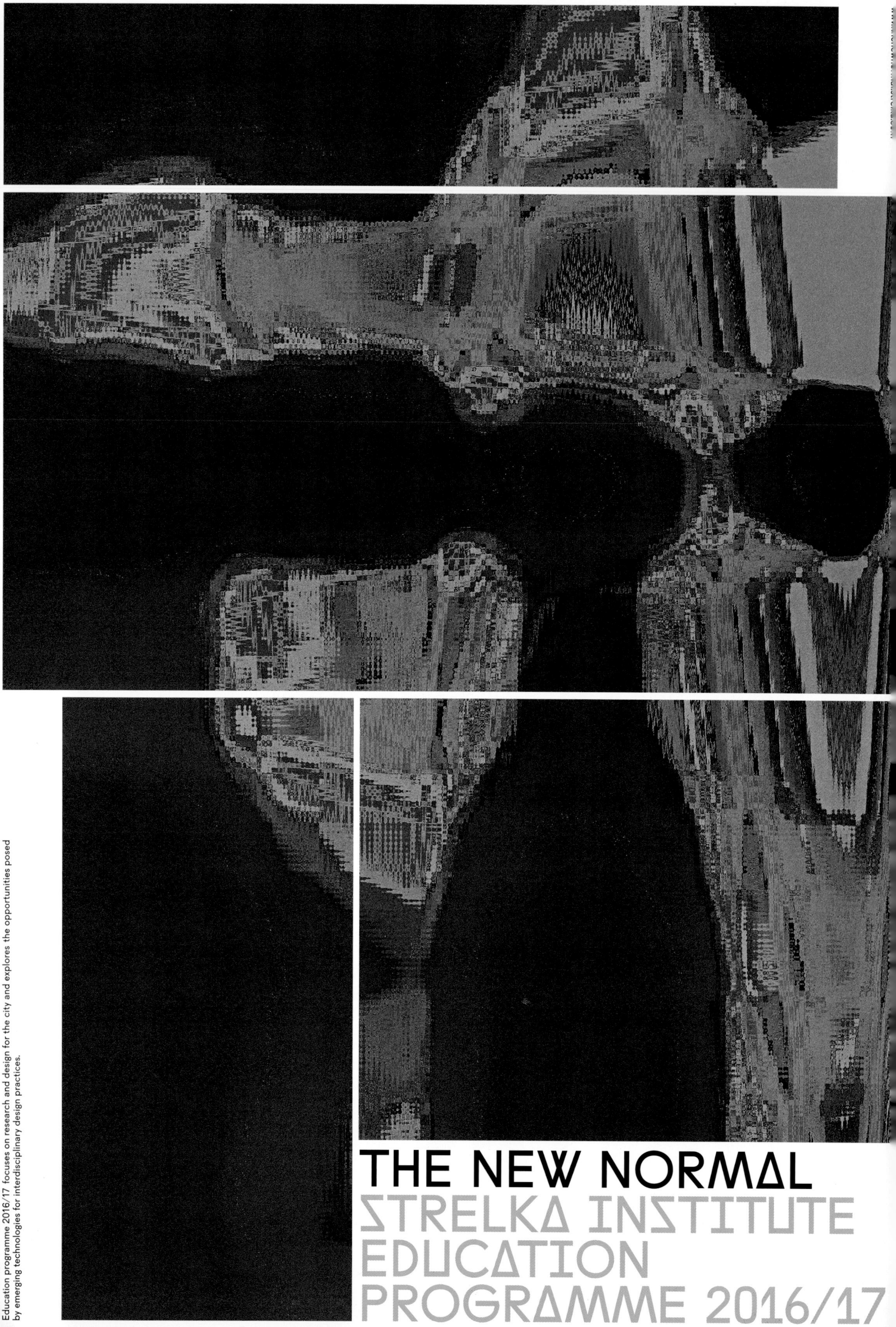

Education programme 2016/17 focuses on research and design for the city and explores the opportunities posed by emerging technologies for interdisciplinary design practices.

I always try to come up with an identity design that I won't get bored of working with and this was the case with 'The New Normal'.

The New Normal is a three-year educational programme at Strelka. Knowing that I would be working with the same identity for the next few years, I tried to come up with a system that would allow me to play with, change and modify the identity in the process of working on it.

The theme of the programme was 'The New Normal' and, roughly speaking, students were to explore the new modernity and our world today by compiling a new encyclopedia.

An encyclopedia could be a book with images but it could also be Google or Pinterest. However, it usually consists of a set of rectangular pictures, and I wanted to reference this even though the new encyclopedia would be a digital space.

As such, I based the identity on a set of rectangular containers that can be filled with different colours, gradients and pictures. Sometimes I made containers with holes, sometimes I translated them into stickers and moved away from the basic grid.

This way, the system was always interesting and I had fun working with and exploring it for three years.

THE NEW NORMAL SHOWCASE
03–04.07.2017

Rem Koolhaas
Рем Колхас

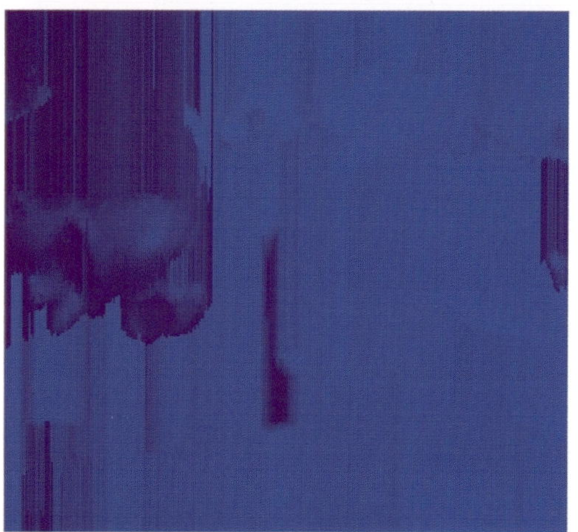

Keller Easterling
Келлер Истерлинг

Metahaven

Benjamin Bratton
Бенджамин Браттон

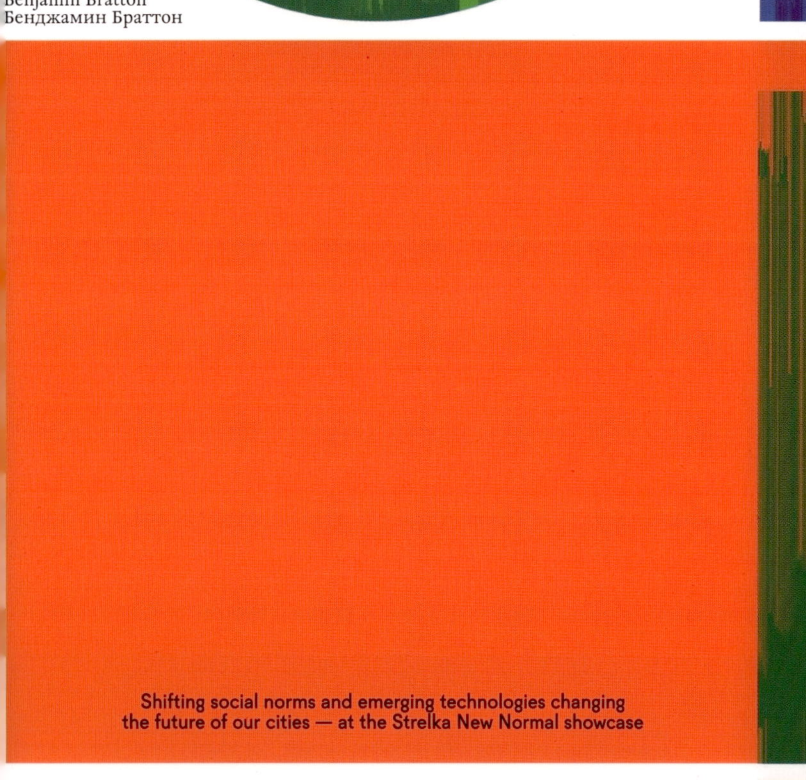

Liam Young
Лиам Янг
18:30 - 19:00

Julieta
Aranda
Джульетта
Аранда

Shifting social norms and emerging technologies changing
the future of our cities — at the Strelka New Normal showcase

Бен Сервени
Ben Cerveny

НОВАЯ НОРМА
ШОУКЕЙС
03–04.07.2017

THE NEW
NORMAL
THE NEW
NORMAL

NORMAL SHOWCASE NEW
ИС НОВАЯ НОРМА. ШОУК

WE HAVE ALWAYS
BEEN POSTHUMAN
Прием заявок до 1 ноября
thenewnormal.strelka.com
STRELKA
ИНСТИТУТ
INSTITUTE
THE NEW

МЫ ВСЕГДА БЫЛИ ПОСТЧЕЛОВЕЧЕСТВОМ
Apply by November 1
thenewnormal.strelka.com
RMAL
PORSCHE
STRELKA
ИНСТИТУТ
INSTITUTE

FINΔL PROJECT REVIEW
ПЕРЕЗЕНТΔЦИЯ ИТОГОВЫХ
ПРОЕКТОВ 11–12.06.18 / 16:00

14, Bldg. 5A,
Bersenevskaya Embankment

Alt'ai
Geocinema
Seiche
Standard Deviation
Atoll
Tuda Syuda
Sir-Aha
Simptom

Phi / Ф
Doma / Дома
Shift / Шифт
Common Task / Общая Задача
Patternist / Схема
Sever / Север
Air Kiss / Эир Кисс
Sever / Север

STRELKA
ИНСТИТУТ
INSTITUTE

THE NEW NORMΔL
НОВΔЯ НОРМΔ 18 / 18

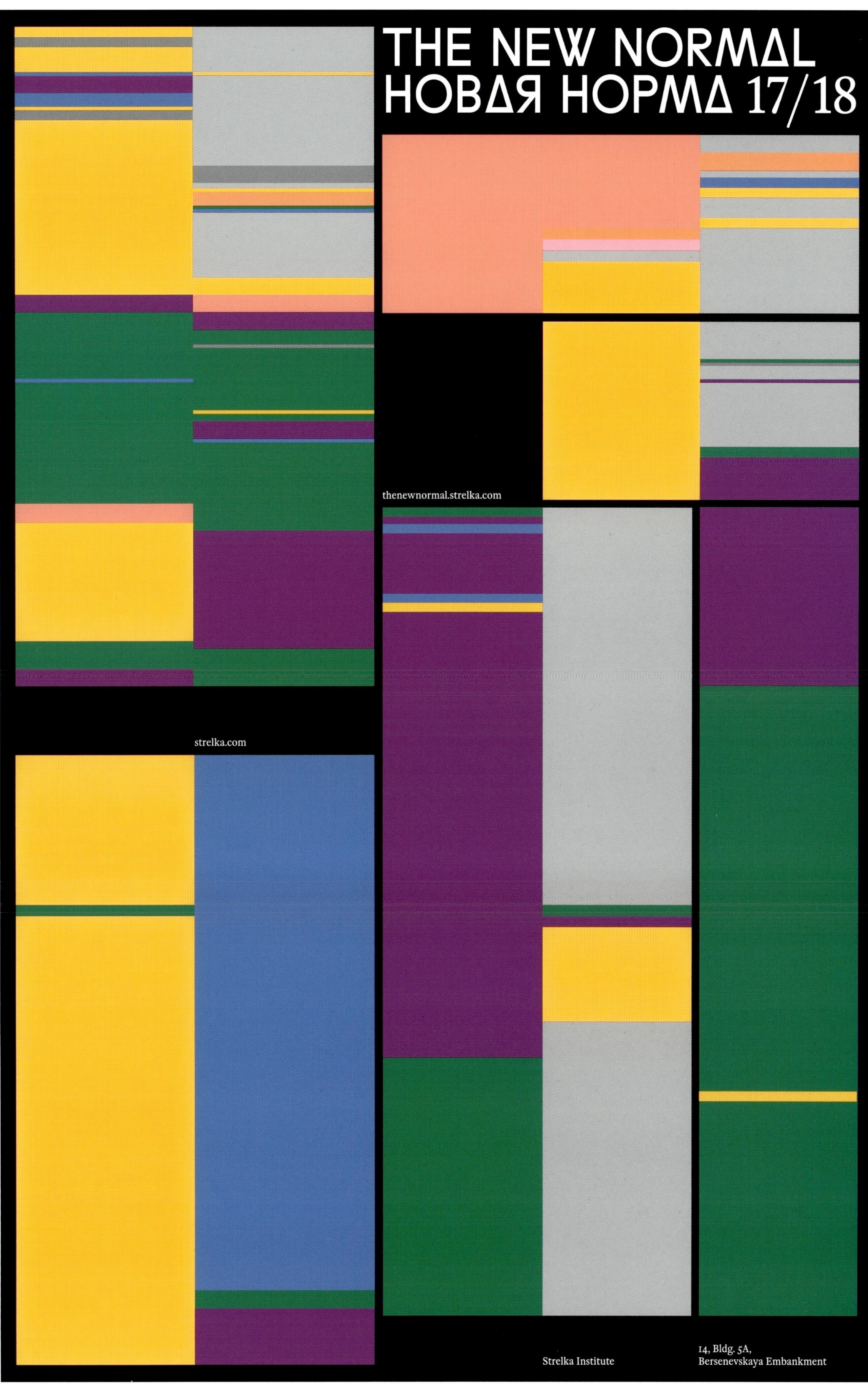

THE NEW NORMAL
HOBAR HOPMA 17/18
thenewnormal.strelka.com
strelka.com
Strelka Institute
14, Bldg. 5A,
Bersenevskaya Embankment

STRELKA

THE NEW NORMΛL   FINΛL PROJECT REVIEW   2018   STRELKΛ INSTITUTE   THE NEW NORMΛL   FIN

THE NEW NORMΛL
EDUCΛTION
PROGRΛMME 17/18

Application deadline:
November 1, 2017

thenewnormal.strelka.com
apply@strelka.com

STRELKA   ИНСТИТУТ   INSTITUTE   APPLICATION DEADLINE: NOVEMBER 1 2017

Strelka Institute for Media, Architecture and Design is an educational institution in Moscow, Russia, founded in 2009. The New Normal programme focuses on research and design for the city and explores opportunities and challenges posed by emerging technologies for interdisciplinary design practices.

The New Normal 2017/18 is designed for young designers with diverse backgrounds: architecture, urbanism, film & cinema, interaction design, software design, humanities & social sciences, game design, economics, and more. During the intensive 5 months program students will work in small teams to research and develop original speculative interventions and platforms.

EDUCATION PROGRAMME:
· Postgraduate
· Multidisciplinary
· In English
· Free (+ stipend)
· 5 months

WHAT TO LEARN
· critical thinking and problem solving
· scenario planning and ideation
· agility, adaptability
· digital video production and compositing
· data analysis and visualisation software
· virtual / augmented reality applications (3D and cinematic)
· advanced software development, including machine vision and machine learning

FACULTY
· Program Director – Benjamin Bratton
· Liam Young
· Keller Easterling
· Lev Manovich
· Metahaven
· Ben Cerveny
· Etienne Turpin
· And many others

APPLICATION REQUIREMENTS
· Completed undergraduate degree
· 2-3 years of professional experience
· Fluent English
· Age 25 to 35 y.o
· Self-organization and self-motivation

thenewnormal.strelka.com
apply@strelka.com

НОВАЯ НОРМА
ОБРАЗОВАТЕЛЬНАЯ
ПРОГРАММА 17/18
STRELKA ИНСТИТУТ
INSTITUTE
THE NEW NORMAL
EDUCATION
PROGRAMME 17/18
STRELKA ИНСТИТУТ
INSTITUTE

BENJAMIN BRATTON
Programme director

НОВАЯ НОРМА
ОБРАЗОВАТЕЛЬНАЯ
ПРОГРАММА 18/19
Будущее
не отменили
thenewnormal.strelka.com
apply@strelka.com
ПРИЕМ ЗАЯВОК
ДО 1 НОЯБРЯ
НОВАЯ НОРМА
ОБРАЗОВАТЕЛЬНАЯ
ПРОГРАММА 18/19
The Future
Has Not Been
Cancelled
Будущее
не отменили
THE NEW NORMAL
EDUCATION
PROGRAMME 18/19

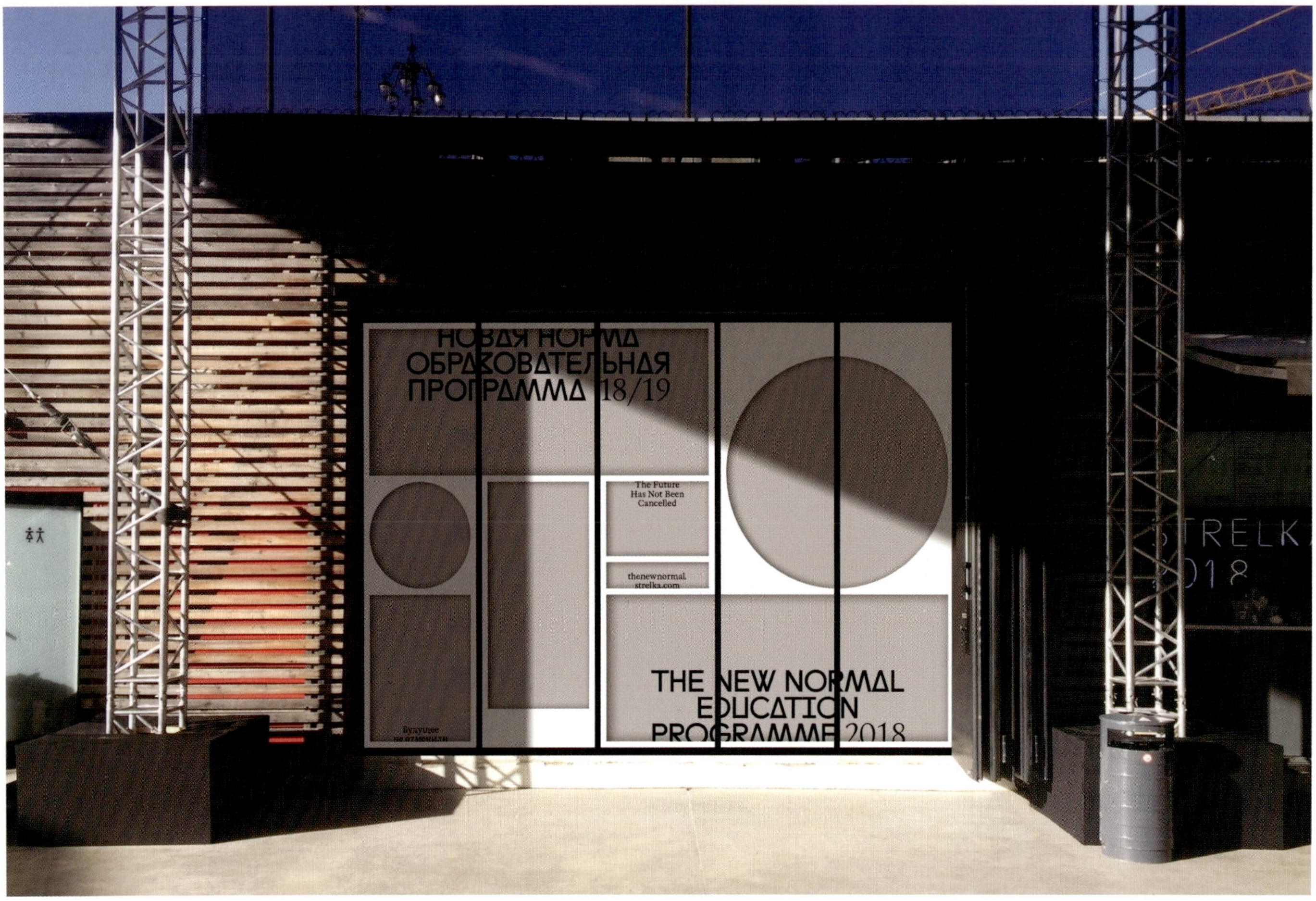

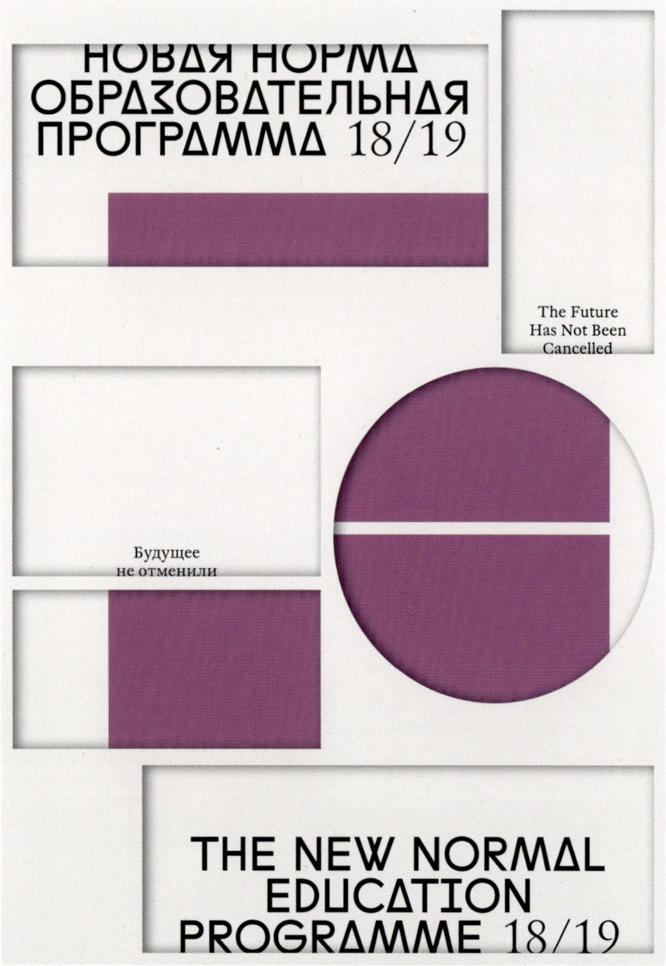

НОВАЯ НОРМА ОБРАЗОВАТЕЛЬНАЯ ПРОГРАММА 18/19

Будущее
не отменили

The Future
Has Not Been
Cancelled

thenewnormal.strelka.com
apply@strelka.com

THE NEW NORMAL EDUCATION PROGRAMME 2018

THE NEW
NORMAL
A.I. Economy:
Truth is Stranger
Than Fiction
www.thenewnormal.strelka.com
BENJAMIN BRATTON
MOLLY WRIGHT STEENSON
LECTURE
If AI builds worlds, then what is the
role for architects and designers in
that world-building? Can design
steer how platform-scale AI
is steering society?
STRELKA
ИНСТИТУТ
INSTITUTE
DIGITAL OCTOBER
27.06/ 19:00

НОВАЯ
НОРМА
Искусственный
Интеллект: правда
удивительнее
вымысла
БЕНДЖАМИН БРАТТОН
МОЛЛИ РАЙТ СТИНСОН
ЛЕКЦИЯ
Если искусственный интеллект
создает современную реальность,
что остается архитекторам
и дизайнерам? Можно ли при
помощи дизайна управлять
тем, как AI меняет общество?
STRELKA ИНСТИТУТ INSTITUTE
DIGITAL OCTOBER
27.06/ 19:00
www.thenewnormal.strelka.com

THE NEW
NORMAL
Grigory Chernomordik
Mariia Fedorova
Ricardo Saavedra
Mark Wilcox
SYBL
Final
Project
Review
МИНА
MINA

THE NEW NORMAL
VAULT
Sofia Pia Belenky
Alyona Shapovalova
Ksenia Trofimova
Don Toromanoff
FINAL PROJECT REVIEW 2019
2019

The New Normal
Beniamin H.Bratton

Medium Design

Keller Easterling

Digital Tarkovsky

Metahaven

AI Aesthetics

Lev Manovich

Medium Design
by Keller Easterling

In the US, an adult on average spends two hours and 51 minutes on their smartphone every day. That is eight minutes longer than Andrei Tarkousky's film Stalker.

We're not interested in telling you to put your phone down and start paying attention to the real world. In-stead, we want to investigate the kind of experience we have whilst staring at these tiny screens and the digital platforms that inhabit them. We are interested in calling this something other than smartphone addiction. We are interested in calling it cinema.

Digital Tarkovsky is an extended poetic exploration of how our experiences of visual entertainment and time itself are changing in the era of the smartphone and near-constant connection. The essay applies the 'slow' cinematic art of Andrei Tarkovsky to our interaction with the digital, visual reality of screens and interfaces. Digital Tarkovsky is a way of tracing what cinema, story-telling and time mean in our platform-based world.

ISBN 9785907163003

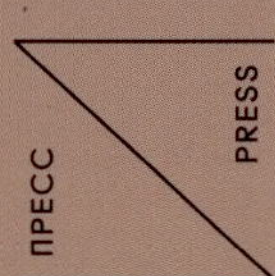

AI Aesthetics
by Lev Manovich

AI plays a crucial role in the global cultural eco-system. It recommends what we should see, listen to, read, and buy. It determines how many people will see our shared content. It helps us make aesthetic decisions when we create media. In professional cultural production, AI has already been adapted to produce movie trailers, music albums, fashion items, product and web designs, architec-ture, etc. In this short book, Lev Manovich offers a systematic framework to help us think about cultural uses of AI today and in the future. He challenges existing ideas and gives us new concepts for understanding media, design, and aesthetics in the AI era.

ISBN 9785907163003

DESIGN BAR

STRELKA
BAR

AFISHA PICNIC
AFTERPARTY
ПИКНИК «АФИШИ»
2025.07 23:00
STRELKA
MUJUICE DJ-SET
HOT CHIP DJ-SET
TOM FURSE
THE HORRORS
DJ-SET
РАНАТАМ
DJ-SET
WWW.STRELKA.COM
14, BLDG. 5A, BERSENEVSKAYA EMBANKMENT

STRELKA
Strelka Bar / summer 2015
OnlyReal (UK, live)
IN SIGHT
Heineken
NV (live)
11.06
22:00
Djs:Юра Макарычев (On-The-Go)
Djs: Кирилл Иванов (СБПЧ)
www.strelka.com

STRELKA

21.08 · 23:00

friday august

THE JUAN MACLEAN
US, LIVE

LINJA
LIVE

SHINY BOOTS

LIPELIS

seen

www.strelka.com

STRELKA 04.09/22:00 FRIDAY
ISAAC DELUSION (FR, LIVE)
ROMARE (UK, DJ-SET)
TARAS 3000
LAY-FAR & DJ CAT

STRELKA

SUMMER CLOSING PARTY

KELIS (LIVE)

25.09

22:00

Djs: Sergey Lipsky
Sonya Tarasova
Sputnik

Lipelis
Mark Schedrin
Philipp Petrenko
Tanya Andrianova
Misha Geleyn
Sasha Grishin

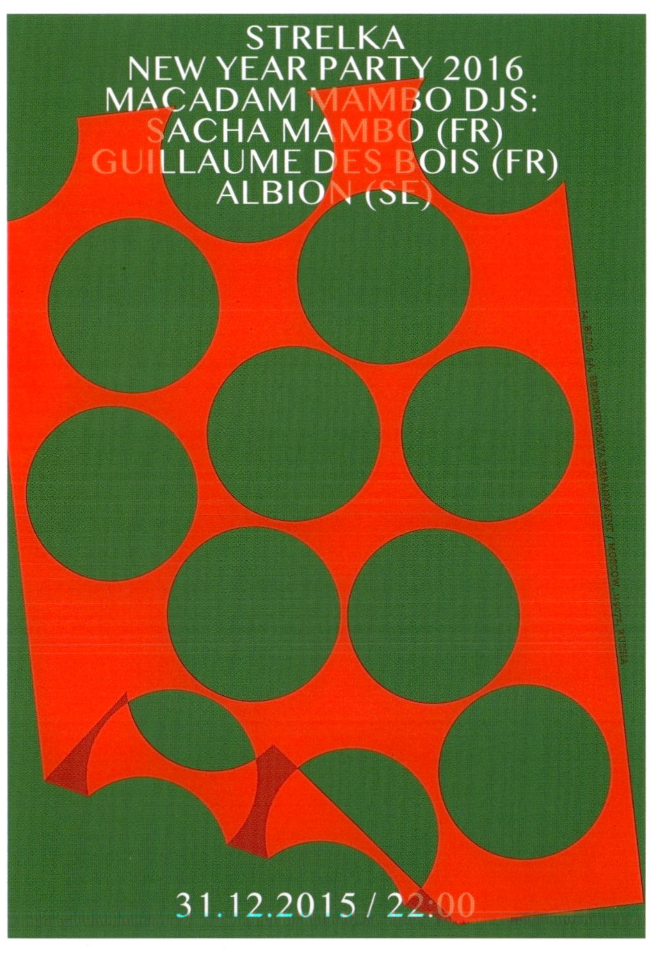
STRELKA
NEW YEAR PARTY 2016
MACADAM MAMBO DJS:
SACHA MAMBO (FR)
GUILLAUME DES BOIS (FR)
ALBION (SE)
31.12.2015 / 22:00

STRELKA
NEW YEAR PARTY 2016
MACADAM MAMBO DJS:
SACHA MAMBO (FR)
GUILLAUME DES BOIS (FR)
ALBION (SE)
31.12.2015 / 22:00

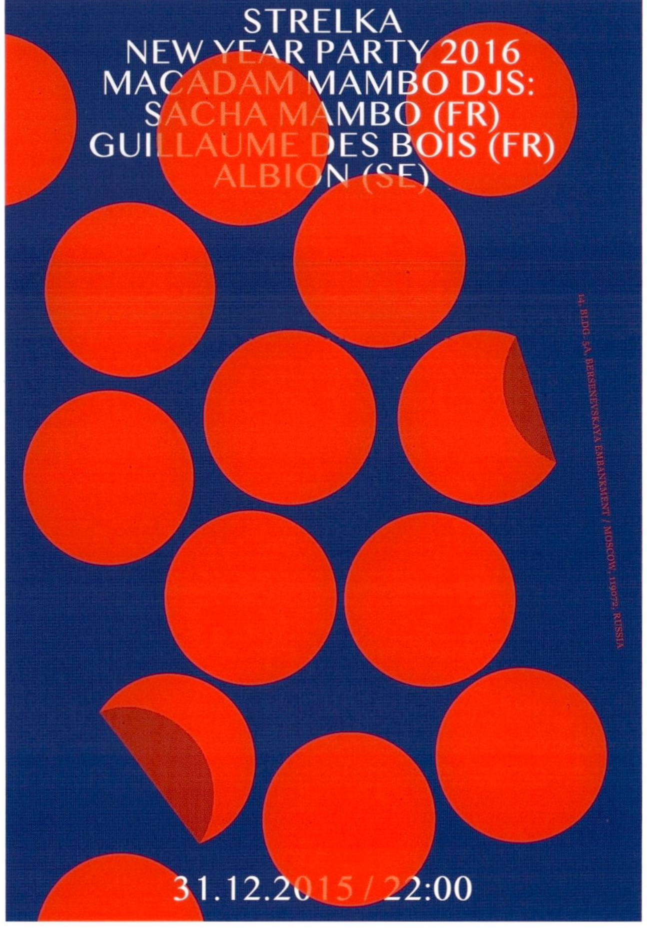
STRELKA
NEW YEAR PARTY 2016
MACADAM MAMBO DJS:
SACHA MAMBO (FR)
GUILLAUME DES BOIS (FR)
ALBION (SE)
31.12.2015 / 22:00

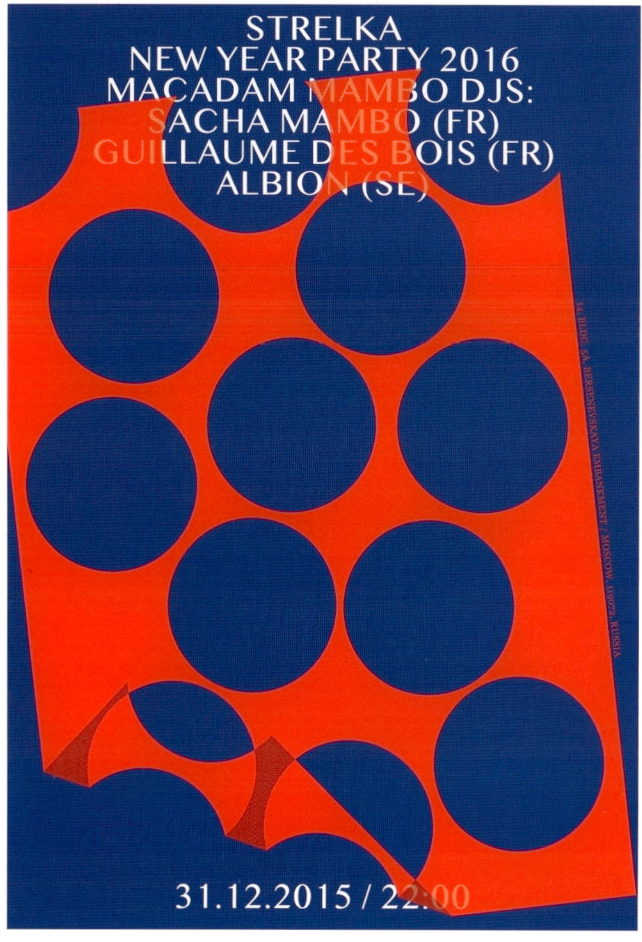
STRELKA
NEW YEAR PARTY 2016
MACADAM MAMBO DJS:
SACHA MAMBO (FR)
GUILLAUME DES BOIS (FR)
ALBION (SE)
31.12.2015 / 22:00

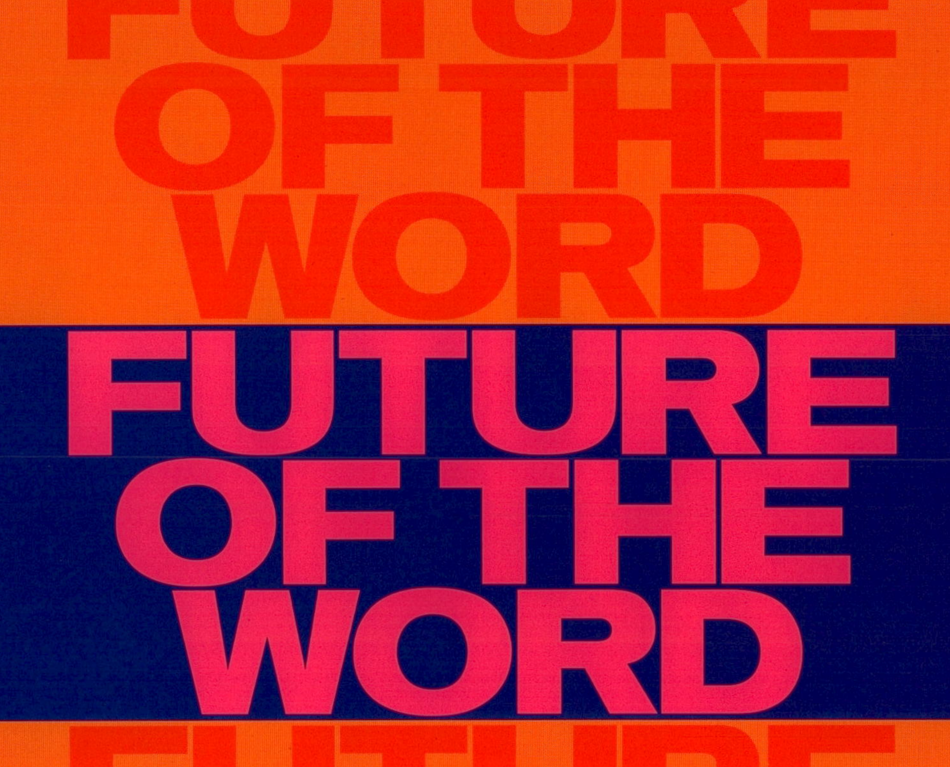
FUTURE
OF THE
WORD
FUTURE
OF THE
WORD
FUTURE
OF THE
WORD
FUTURE OF THE WORD AFTERPARTY
PETER COLLINGRIDGE (UK), PHILIPP PETRENKO
04.06.2016 / 22:00
WWW.STRELKA.COM, WWW.BRITISHCOUNCIL.RU
14, BLDG. 5, BERSENEVSKAYA EMBANKMENT
FUTURE
OF THE
WORD

ПРЯМАЯ
ТРАНСЛЯЦИЯ
STRELKA
28.05
21:00
UEFA
CHAMPIONS
LEAGUE
TRADE MARK
Heineken®
ФИНАЛ ЛИГИ
ЧЕМПИОНОВ
УЕФА
WWW.STRELKA.COM
14, BLDG. 5A,
BERSENEVSKAYA EMBANKMENT

STRELKA
06.06/21:00
ФИНАЛ ЛИГИ
ЧЕМПИОНОВ
УЕФА
ПРЯМАЯ
ТРАНСЛЯЦИЯ
UEFA
CHAMPIONS
LEAGUE
IN SIGHT
Heineken

KILO KISH (US, LIVE)

MUJUICE (DJ-SET)

KIRILL IVANOV
(SBPCH, DJ-SET)

14, BLDG. 5A,
BERSENEVSKAYA EMB.

10.06

STRELKA

23:00

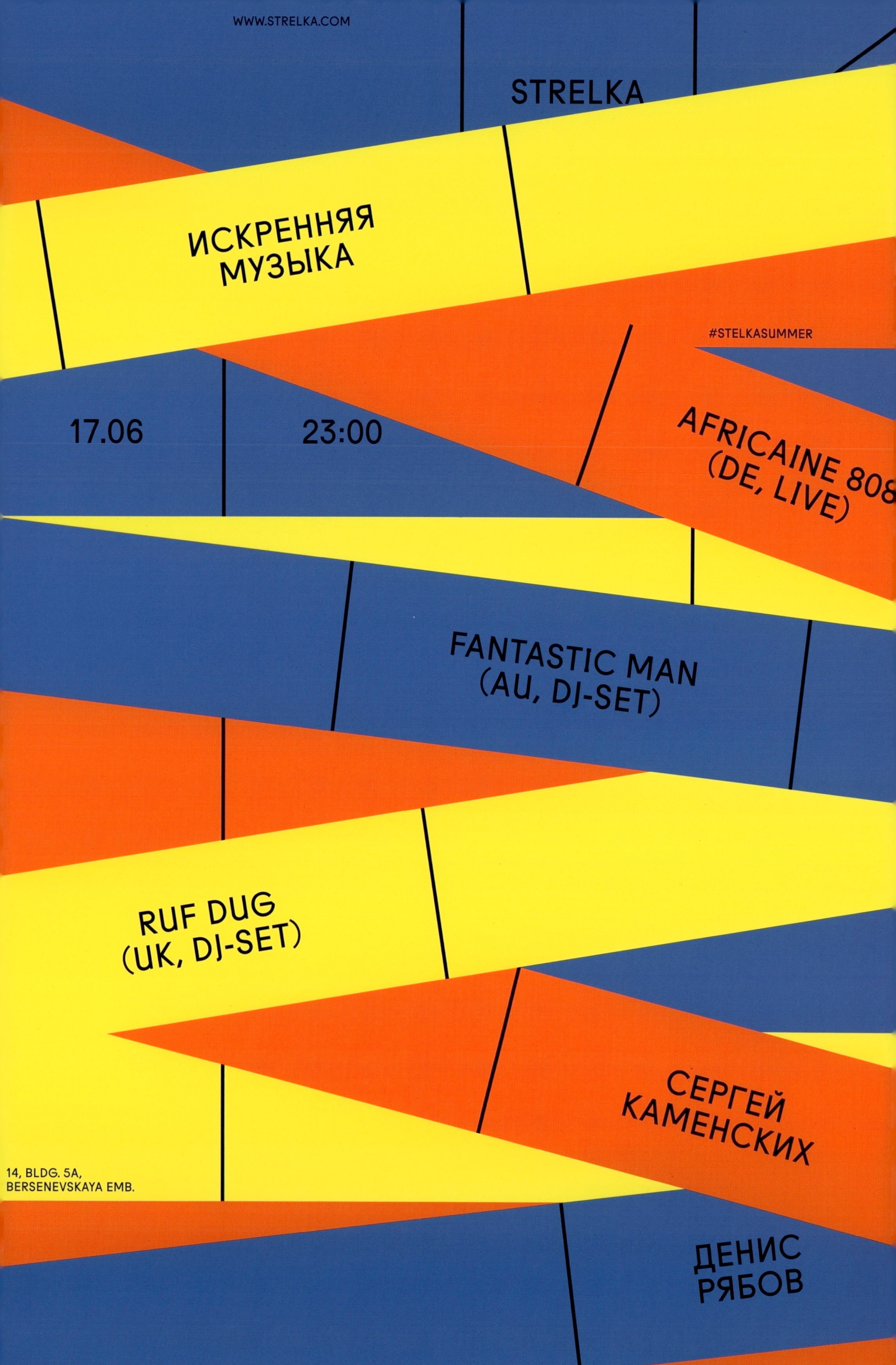

WWW.STRELKA.COM
STRELKA
ИСКРЕННЯЯ МУЗЫКА
#STELKASUMMER
17.06
23:00
AFRICAINE 808
(DE, LIVE)
FANTASTIC MAN
(AU, DJ-SET)
RUF DUG
(UK, DJ-SET)
СЕРГЕЙ КАМЕНСКИХ
14, BLDG. 5A,
BERSENEVSKAYA EMB.
ДЕНИС РЯБОВ

#STRELKASUMMER
Hello, Honey
L A
STRELKA
DIG DJS
PARKS, SQUARES & ALLEYS (LIVE)
S E
25.06
GLINTSHAKE DJS
LA SERA US, LIVE
20:00
ANDREY PANIN
R A
WWW.STRELKA.COM

Strelka
15.07 / 23:00
Пика – Пика
Palmistry
(UK, live)
Throwing
Shade
(UK, Dj Set)
www.strelka.com
#strelkasummer
2016

STRELKA
AFISHA
PICNIC AFTERPARTY
SHAWN LEE
(US, DJ SET)
ANTON SEVIDOV
(TESLA BOY, DJ SET)
NEON INDIAN
(US, DJ SET)
23:00
30.07.16

STRELKA
05.08
22:00
JESSY
(CA, LIVE)
LANZA
НЕ ТВОЕ
(LIVE)
ДЕЛО
(DJ SET)
OL
SHINY
BOOTS
&
KRLOW
MISHA
(DJ SET)
(DJ SET)
GELEYN
#STRELKASUMME
& TANYA
ANDRIANOVA

JESSY LANZA: Strelka Bar. 2016.
DEEP FRIED FRIENDS: Strelka Bar. 2016.

STRELKA
DEEP
FRIED
FRIENDS
MAGIC
SUMMER
SE. 2 EP. 7
03.09.2016
23:00
#strelkasummer
DEEP FRIED FRIENDS
XO
#deepfriedfriends

The Very
New Year
Cut-outs
Zambon (PI)
Karara (PI)
31.12.16
22:00
Strelka

STRELKA
RUF DUG
(UK,
DJ SET)
SHINY
BOOTS
04.02.17
23:00

RUF DUG (UK, DJ SET)
SHINY BOOTS / 04.02.17 / 23:00

14, BLDG. 5A,
BERSENEVSKAYA EMBANKMENT

WWW.STRELKA.COM

Strelka
Eva Geist (De, Live)
Andrei Zhilin
18.02.17/ 23:00

Strelka
Eva
Geist
(De, Live)
Andrei
Zhilin
18.02
23:00

www.strelka.com

I enjoy experimenting with graphics and shapes to discover new tools for future posters, especially when there's no specific topic in mind. Lately, I've been exploring the use of dots. At first, I thought, 'Oh no, dots! Really?' But for this event, I felt confident they could work. The shapes are bold, eye-catching, and deliver a strong, straightforward impact.

This poster is for one of those events where I didn't have a particular topic and was just told that a DJ is coming. It's during these moments that I can put my personality into the design. I'm fortunate to have this incredible setup at Strelka, where we've created a system that allows this creative flexibility to thrive.

The idea for dots began when I was playing around with stickers for a New Year's poster. I didn't want to have a Christmas tree, so instead I alluded abstractly to baubles.

For this poster, I began with the grid, then applied typography on top of it. I deleted several letters and placed them behind my dot layer, because I like it when the graphics and typography come together and intermingle.

STRELKA
04.03/23:00
THAT'S
A STEAL
PARTY
JULIAN
HORN (AT)
LIPELIS
SPUTNIK
SHINY
BOOTS
Strelka 04.03/ 23:00
That's A Steal Party
Julian Horn (AT)
Lipelis, Sputnik,
Shiny Boots
www.strelka.com

JULIAN HORN: Strelka Bar. 2017.
SINCERE MUSIC: Strelka Bar. 2017.

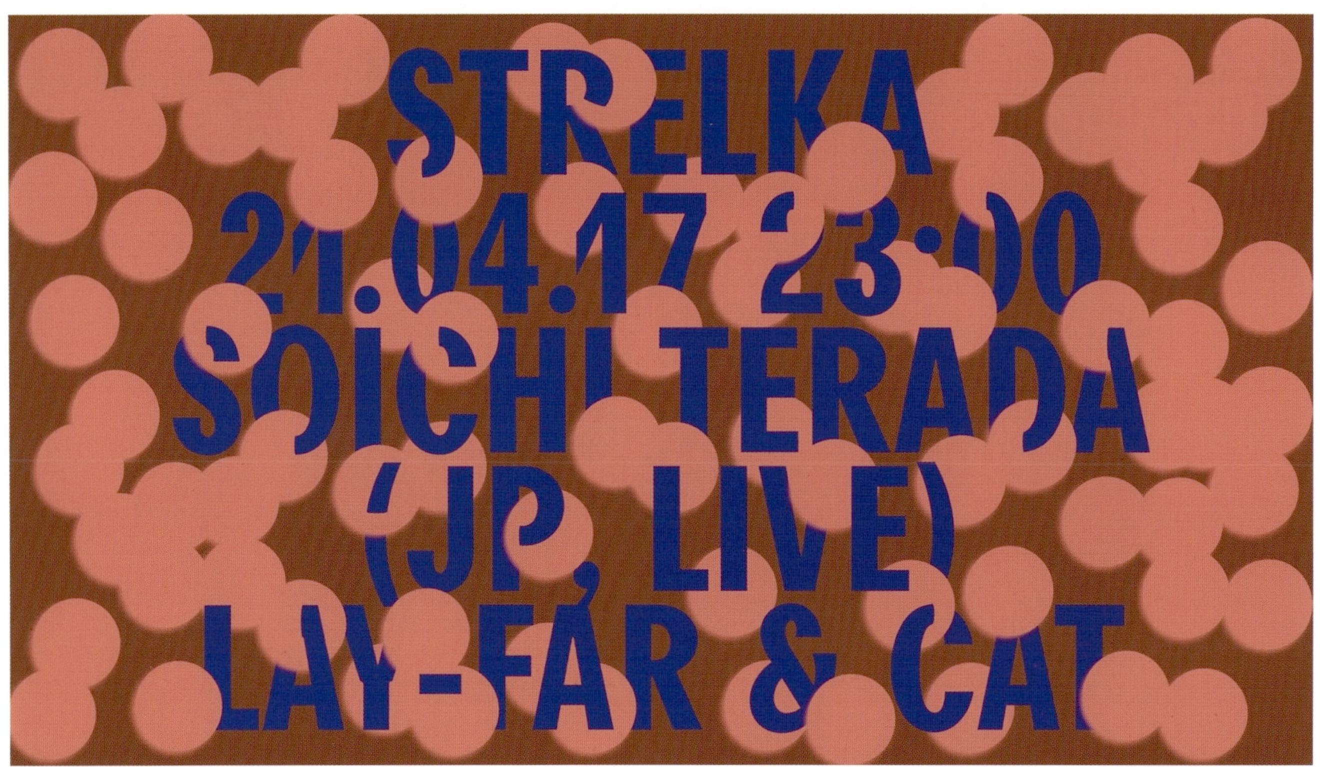
STRELKA
21.04.17 23:00
SOICHI TERADA
(JP, LIVE)
LAY-FAR & CAT

STRELKA
21.04.17
23:00 SOICHI
TERADA
(JP, LIVE)
LAY-FAR
& CAT

STRELKA
21.04.17
23:00 SOICHI
TERADA
(JP, LIVE)
LAY-FAR
& CAT

STRELKA
13.05
MACADAM
MAMBO
5 YEARS PARTY
SACHA
MAMBO
(FR)
23:00
GUILLAUME
DES BOIS
(FR)

STRELKA
UEFA
CHAMPIONS
LEAGUE
FINAL
UEFA
CHAMPIONS
LEAGUE
LIVE
BROADCAST
03.06.17
21:00

STRELKA
17.06 19:00
#strelkasummer
JACK FRIENDS' BBQ
NIGHT BEATS
(US, LIVE)
SONIC DEATH (LIVE)
PETR CHINAVAT
& IVAN SMEKALIN
(DJ SET)
ANDREI MITROSHIN
(DJ SET)
www.strelka.com
MY PET SPIDER
(DJ SET)
JACK DANIEL'S
BBQ

AUSTRA
STRELKA
30.06/23:00
AUSTRA
(CA, LIVE)
MARK
SCHEDRIN
(DJ SET)
KIRILL IVANOV
(SBPCH, DJ SET)
#STRELKA
SUMMER

AUSTRA: Strelka Bar. 2017.
LAMBADA NIGHT MARKET: Strelka Bar. 2017.

STRELKA X LAMBADA NIGHT MARKET

Strelka X Lambada
Night Market
15.07, 22:00

Raze De Soare
(RO, Live)
Palma Plaza (Live)
Ion Din Dorobanti
(RO, Dj Set)

Martini e Tonic

LIPELIS

ILYA SIMONOV

ION DIN DOROBANTI (RO, DJ SET)

#lambadamarket
#strelkasummer

DIG DJS

RAZE DE SOARE (RO, LIVE)

15.07 22:00

PALMA PLAZA (LIVE)

Simple
Symmetry,
Lipelis,
Ilya
Simonov,
Dig DjS

MARTINI

SIMPLE SYMMETRY

Ламбада маркет

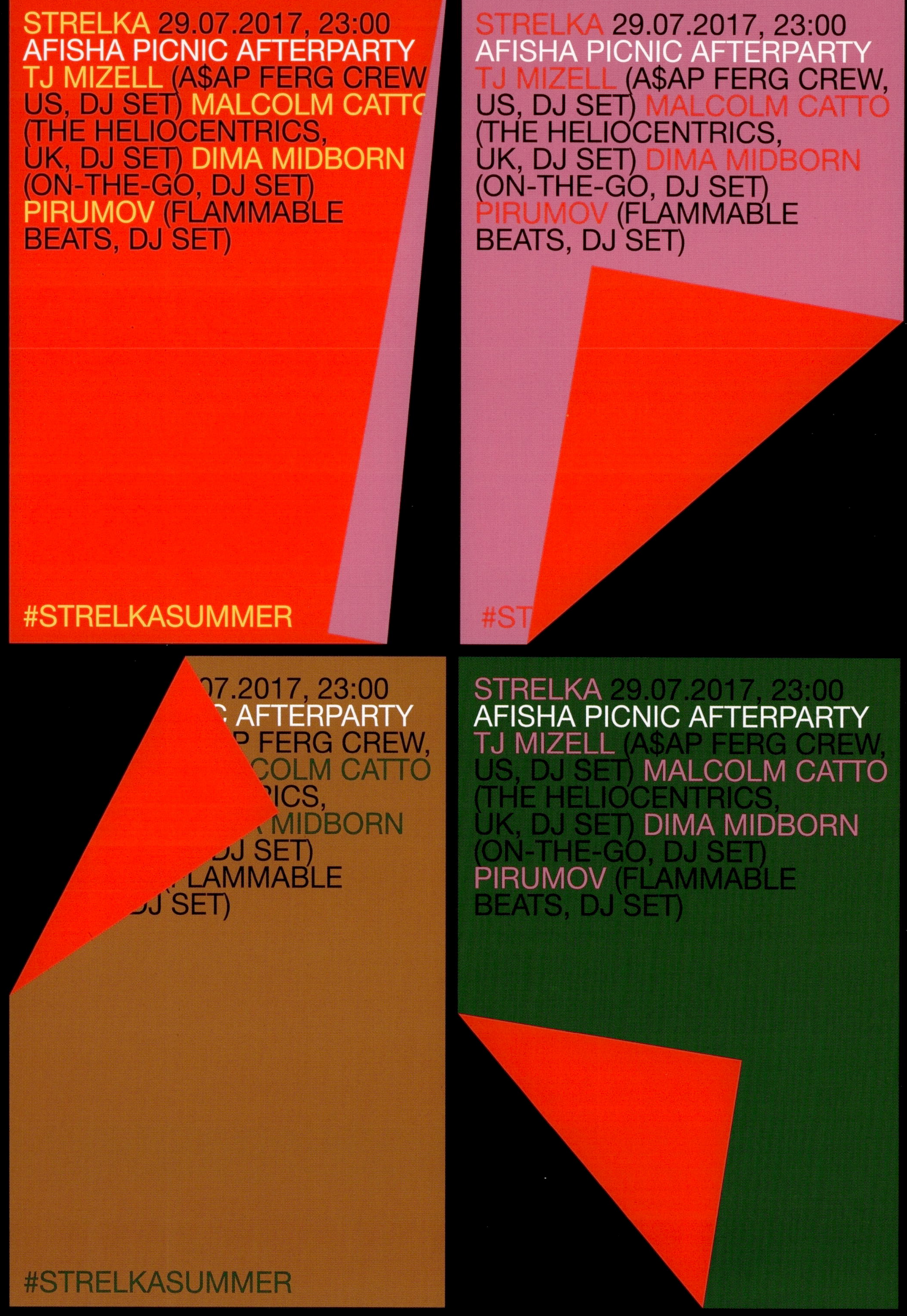
STRELKA 29.07.2017, 23:00
AFISHA PICNIC AFTERPARTY
TJ MIZELL (A$AP FERG CREW
US, DJ SET) MALCOLM CATTO
(THE HELIOCENTRICS,
UK, DJ SET) DIMA MIDBORN
(ON-THE-GO, DJ SET)
PIRUMOV (FLAMMABLE
BEATS, DJ SET)
#STRELKASUMMER

STRELKA 29.07.2017, 23:00
AFISHA PICNIC AFTERPARTY
TJ MIZELL (A$AP FERG CREW,
US, DJ SET) MALCOLM CATTO
(THE HELIOCENTRICS,
UK, DJ SET) DIMA MIDBORN
(ON-THE-GO, DJ SET)
PIRUMOV (FLAMMABLE
BEATS, DJ SET)
#ST

07.2017, 23:00
AFTERPARTY
P FERG CREW,
COLM CATTO
ICS,
MIDBORN
DJ SET)
LAMMABLE
DJ SET)
#STRELKASUMMER

STRELKA 29.07.2017, 23:00
AFISHA PICNIC AFTERPARTY
TJ MIZELL (A$AP FERG CREW,
US, DJ SET) MALCOLM CATTO
(THE HELIOCENTRICS,
UK, DJ SET) DIMA MIDBORN
(ON-THE-GO, DJ SET)
PIRUMOV (FLAMMABLE
BEATS, DJ SET)

www.strelka.com
JAMESON
IRISH WHISKEY
LATE SUMMER JAM
1
3
Shiny
Boots
5
Special Street
Musicians
Performance
Kamaal
Williams
Ensemble
(UK,
Live)
Henry
Wu
(UK,
Dj Set)
4
2
Lay-Far
& Dj Cat
STRELKA
LATE SUMMER JAM
26.08, 22:00

DEEP FRIED FRIENDS: Strelka Bar. 2017.
DOUG HREAM BLUNT: Strelka Bar. 2017.

STRELKA 02.09/23:00
DEEP FRIED FRIENDS
MAGIC SUMMER
SE.3 EP.5
GRAND FINALE
DEEP FRIED FRIENDS
XO
Martini e Tonic

STRELKA
17.09
23:00
DOLGO
DREAM
BLUNT
(US, LIVE)
STRELKA
ALL STARS BAND:
JENYA GORBUNOV
(GLINTSHAKE)
DIMA MIDBORN
(ON-THE-GO)
SASHA LIPSKY
(POMPEYA)
GRISHA DOBRYNIN
(ON-THE-GO)
KATE
SHILONOSOVA (NV)
ANDREY BESSONOV
VIKTOR GLAZUNOV

SPUTNIK
SIMPLE SYMMETRY

strelka
30.09.2017
23:00
pic ar
piccolo
sputnik
Strelka
30.09.2017, 23:00
Ric Piccolo (AR)
Sputnik
www.strelka.com

STRELKA 07.10/23:00 ARIADNA RELEASE PARTY
KEDR LIVANSKIY (LIVE), LOW808, LIPELIS
Ariadna
Release Party
Kedr
Livanskiy
(Live)
Strelka
07.10 / 23:00
14, Bldg. 5a,
Bersenevskaya Embankment

Strelka
LT
Sincere Music
Miskotom (LT)
Sergey
Buldakov
Denis
Riabov
14.10
23:00

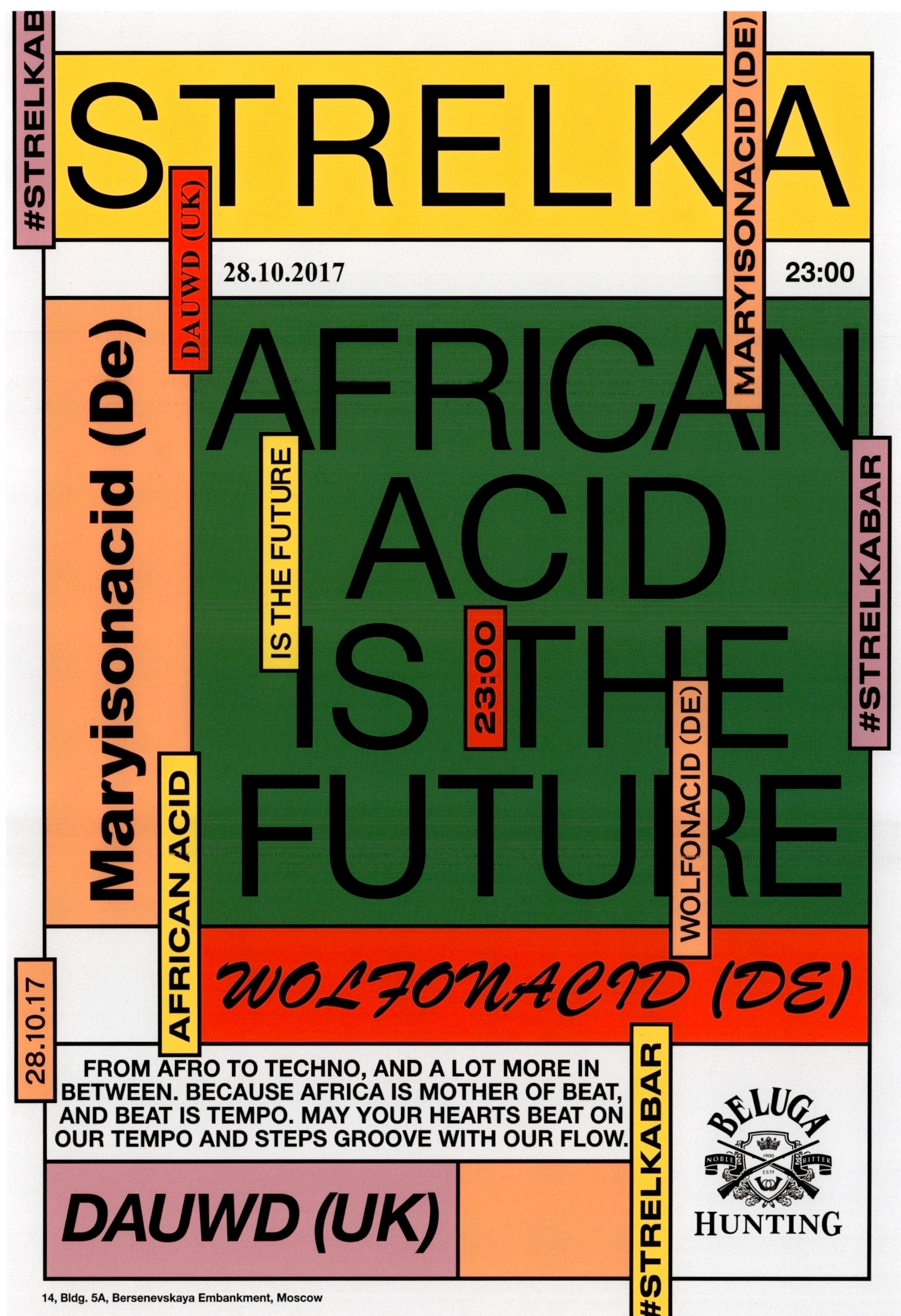
#STRELKAB
STRELKA
DAUWD (UK)
MARYISONACID (DE)
28.10.2017
23:00
Maryisonacid (De)
AFRICAN
ACID
IS THE FUTURE
IS THE FUTURE
23:00
AFRICAN ACID
WOLFONACID (DE)
#STRELKABAR
WOLFONACID (DE)
FROM AFRO TO TECHNO, AND A LOT MORE IN
BETWEEN. BECAUSE AFRICA IS MOTHER OF BEAT,
AND BEAT IS TEMPO. MAY YOUR HEARTS BEAT ON
OUR TEMPO AND STEPS GROOVE WITH OUR FLOW.
28.10.17
DAUWD (UK)
#STRELKABAR
BELUGA
NOBLE
BITTER
1900
ESTF
HUNTING
14, Bldg. 5A, Bersenevskaya Embankment, Moscow

STRELKA
VICTOR
KISWELL
(FR)
03.11   23:00
SHINY
BOOTS

STRELKA
VICTOR
KISWELL
(FR)
03.11   23:00
SHINY
BOOTS

STRELKA
VICTOR
KISWELL
(FR)
03.11   23:00
SHINY
BOOTS

STRELKA
VICTOR
KISWELL
(FR)
03.11   23:00
SHINY
BOOTS

THE PILOTWINGS
Strelka
Lipelis
THE PILOTWINGS
Strelka
Lipelis
THE PILOTWINGS
Lipelis
18.11
Strelka
Lipelis
THE PILOTWINGS
Strelka
23:00
BELUGA
NOBLE BITTER
HUNTING
THE PILOTWINGS (FR), LIPELIS
14, BLDG. 5A, BERSENEVSKAYA EMB.

Strelka 31.12.17, 22:00
New Year Party 2018
Redlight Records DJS

Abel (NL)
Calypso Steve (NL)
Din Daa Daa (NL)

S J
22:00
31.12.17
STRELKA
NEW YEAR
PARTY 2018
REDLIGHT
RECORDS
DJS

www.strelka.com

STRELKA
03.02.18, 23:00
JAN SCHULTE
WOLF MULLER
BUFIMAN (DE)
SHINY BOOTS

NEW YEAR PARTY 2018: Strelka Bar. 2017.
JAN SCHULTE: Strelka Bar. 2018.

WWW.STRELKA.COM
23:00
ST-
RE-
LKA
ДОРОГОЙ СЕРЕЖА
LI-
VE
14, BLDG. 5A, BERSENEVSKAYA EMBANKMENT
17.
2.
18
S-
ON-
YA
TAR-
ASO-
VA
T-
IM-
UR
OMA-
R

Strelka 22.02.2018, 23:00
Sacha Mambo (FR) All Night Long
Strelka 22.02.2018, 23:00
Sacha Mambo (FR) All Night Long
Strelka 22.02.2018, 23:00
Sacha Mambo (FR) All Night Long

STRELKA
03.03 23:00
DJ LAG (ZA)
MOA PILLAR
carhartt
WORK IN PROGRESS

always dreamt of creating really simple graphics. When I first started designing, I was hesitant to take this approach—especially with projects like this poster. I always worried that the client would think that I didn't work hard enough. But I love the simplicity of this design: its shapes, colour, and straightforward communication of information. Looking at it is like eating a favourite dish.

Often at Strelka, when it comes to the parties and DJ events, I don't have a particular topic or theme. This can be the hardest thing: to create something from nothing. After years working for the institution though, I've found my tools and a language for these kinds of situations.

I always begin with the basic information. For this poster, I worked out that the event has four lines of information, and each line has a similar amount of letters. I started to play with them, and at the same time, brought in simple, triangular shapes. The music was electronic, so that simplicity and repetition worked well for the mood of the event.

When I layered the typography over the two colours, everything clicked—especially when I adjusted the lettering's colours. Transforming the flat, 2D shapes into a playful 3D effect brought the design to life. If you see this poster displayed among others, its bold composition and dynamic shapes immediately grab your attention, making it truly stand out.

STRELKA
16.03, 23:00
DJ OKAPI
(ZA)
SPUTNIK
14, BLDG. 5A,
BERSENEVSKAYA EMBANKMENT
MOSCOW, 119072, RUSSIA
STRELKA.COM

STRELKA
18.03.17
23:00
HYSTERIC
(AU)
MISHA
GELEYN

STRELKA
14.04
23:00
JAMIE
TILLER
(DE)
LIPELIS
STRELKA
14.04, 23:00
JAMIE
TILLER (DE)
LIPELIS

12.05
23:00
Strelka
Sapphire Slows (JP, Live)
Sonya Muntyan
Magnetic Poetry
(DJ Set)

strel-
ka
501 day
after-
par-
ty
19.05
13:
00
LEVI'S®
alxndr
london
(uk, live)
misha
gannu-
shkin
digi-
don

STRELKA
26.05
21:00
Live
broadcast
UEFA
CHAM-
PIONS
LEAGUE
FINAL

WE ARE ALL COLLABORATORS DAY & NIGHT
STRELKA
30.06 23:00
DAY 14:00
NIGHT 23:00
NINOS DU BRASIL (IT, LIVE)
SIMPLE SYMMETRY
SONYA MUNTYAN
30.06, 14:00 / 23:00 NINOS DU BRASIL (IT, LIVE)
SIMPLE SYMMETRY, SONYA MUNTYAN

NINOS DU BRASIL: Strelka Bar. 2018.
SWEDISH NIGHT: Strelka Bar. 2018.

STRELKA
X VOLVO XC40

SWEDISH
NIGHT

MOUNT
LIBERATION
UNLIMITED
(SE, LIVE)
ODOPT (LIVE)
HIPUSHIT
TIMUR
OMAR

17.08.2018, 23:00

STRELKA
LATE SUMMER
JAM

31.08   23:00

HAILU MERGIA
(ET, LIVE)

HOLKIN &
THE PAPERS

LIPELIS. SPUTNIK

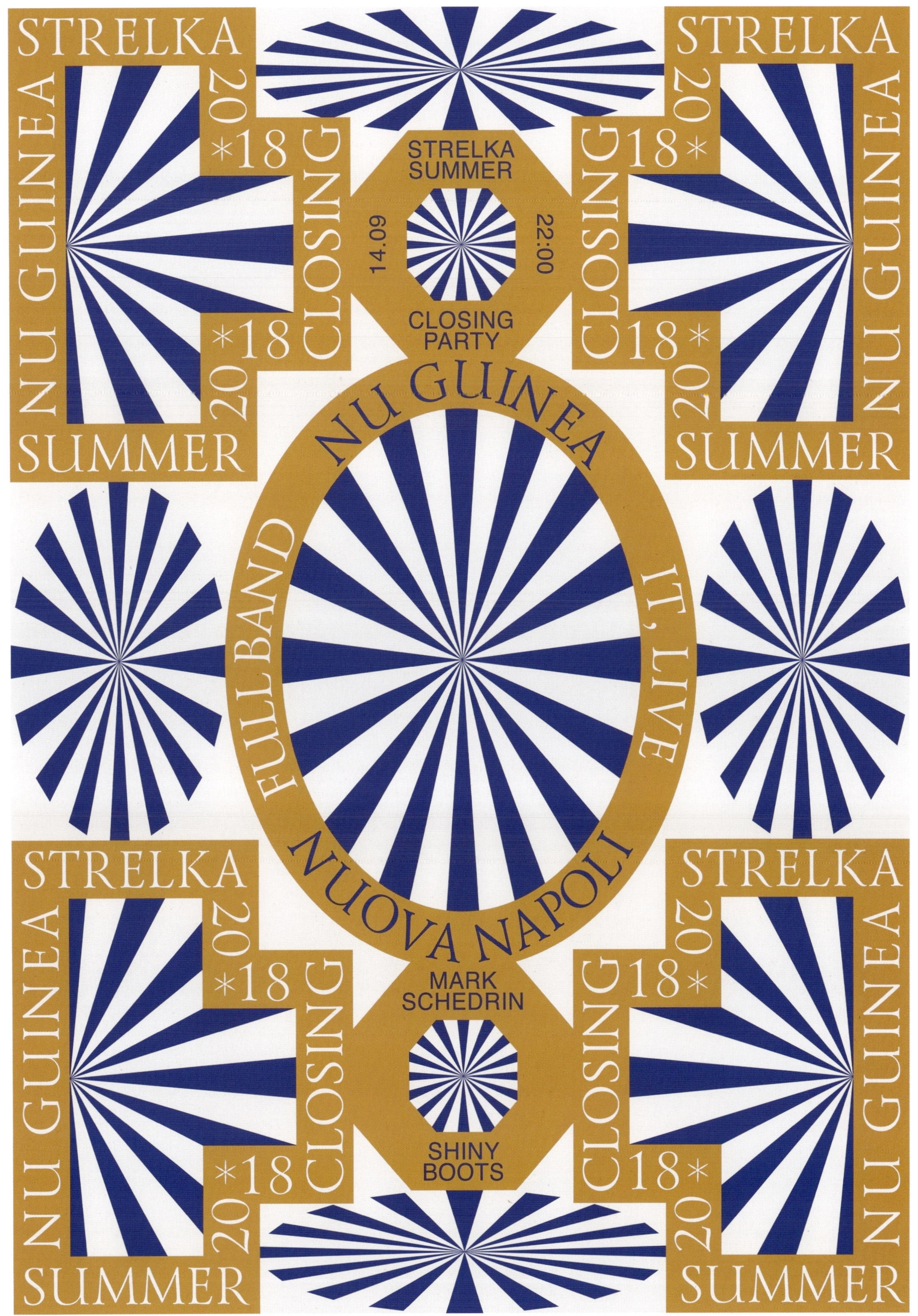
STRELKA
NU GUINEA
SUMMER
STRELKA
NU GUINEA
SUMMER
STRELKA SUMMER
14.09
22:00
CLOSING PARTY
NU GUINEA
FULL BAND
IT, LIVE
NUOVA NAPOLI
MARK SCHEDRIN
SHINY BOOTS
STRELKA
NU GUINEA
SUMMER
STRELKA
NU GUINEA
SUMMER
CLOSING
20*18
*18
20*18
*18

STRELKA
Strelka
06.10
06.10.18
23:00
STEELE
BONUS
Steele
Bonus (NL)
SHINY
Shiny Boots
BOOTS

STRELKA
27.10
23:00
DAZION
(NL)
SASHA
LIPSKY

Strelka
24. 11
STRELKA BAR
23:00
Raphaël
Top-Secret
(FR)
14, BLDG. 5A, BERSENEVSKAYA EMB
MOSCOW, 119072, RUSSIA
Denis
Riabov

STRELKA
NEW YEAR
2019
THE
PILOTWINGS
(FR)
31 2018
12
22: 00

STRELKA
23.03 23:00
SELECTOR
AFTER DARK
BEEFEATER
SESSIONS
(UK)
JAPAN BLUES
KRLOW
YURI ANTONOV

STRELKA
PRINS EMANUEL
& GOLDEN IVY
(SE)
23:00
13.04.2019
TIMUR OMAR
Bersenevskaya nab,
14/5, Moscow

STREL KA   20.04   23:00
SELECTOR AFTER DARK
BEEFEATER   SESSIONS
PSYCHEMAGIK (UK)
SHINY BOOTS

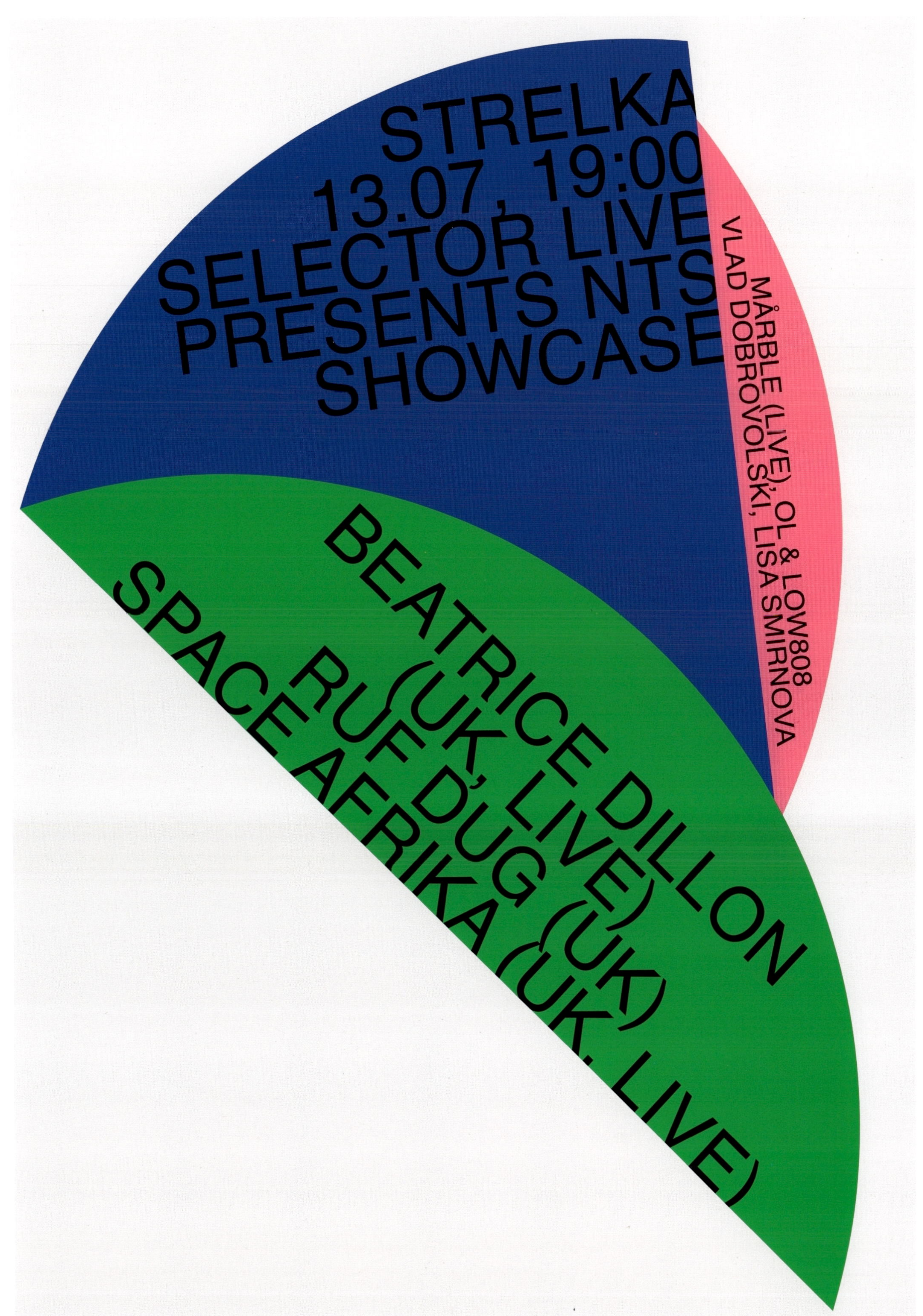
STRELKA
13.07. 19:00
SELECTOR LIVE
PRESENTS NTS
SHOWCASE
MARBLE (LIVE), OL & LOW808
VLAD DOBROVOLSKI, LISA SMIRNOVA
BEATRICE DILLON
(UK, LIVE)
RUF DUG (UK)
SPACE AFRIKA (UK, LIVE)

STRELKA
03.08.2019, 23:00
LAFAWNDAH
X KATE NV
MUJUICE (DJ SET
KIRILL IVANOV
AFISHA PICNIC
AFTERPARTY

STRELKA 10.08.2019 23:00
CONNAN MOCKASIN (NZ, LIVE)
ВЕТЕРОК (LIVE)
КЛУБ «ОТДЫХ»
MY PET SPIDER

STRELKA
SELECTOR LIVE
07.09.2019, 23:00

THE COMET
IS COMING
(UK, LIVE)

SHINY
BOOTS
& KRLOW

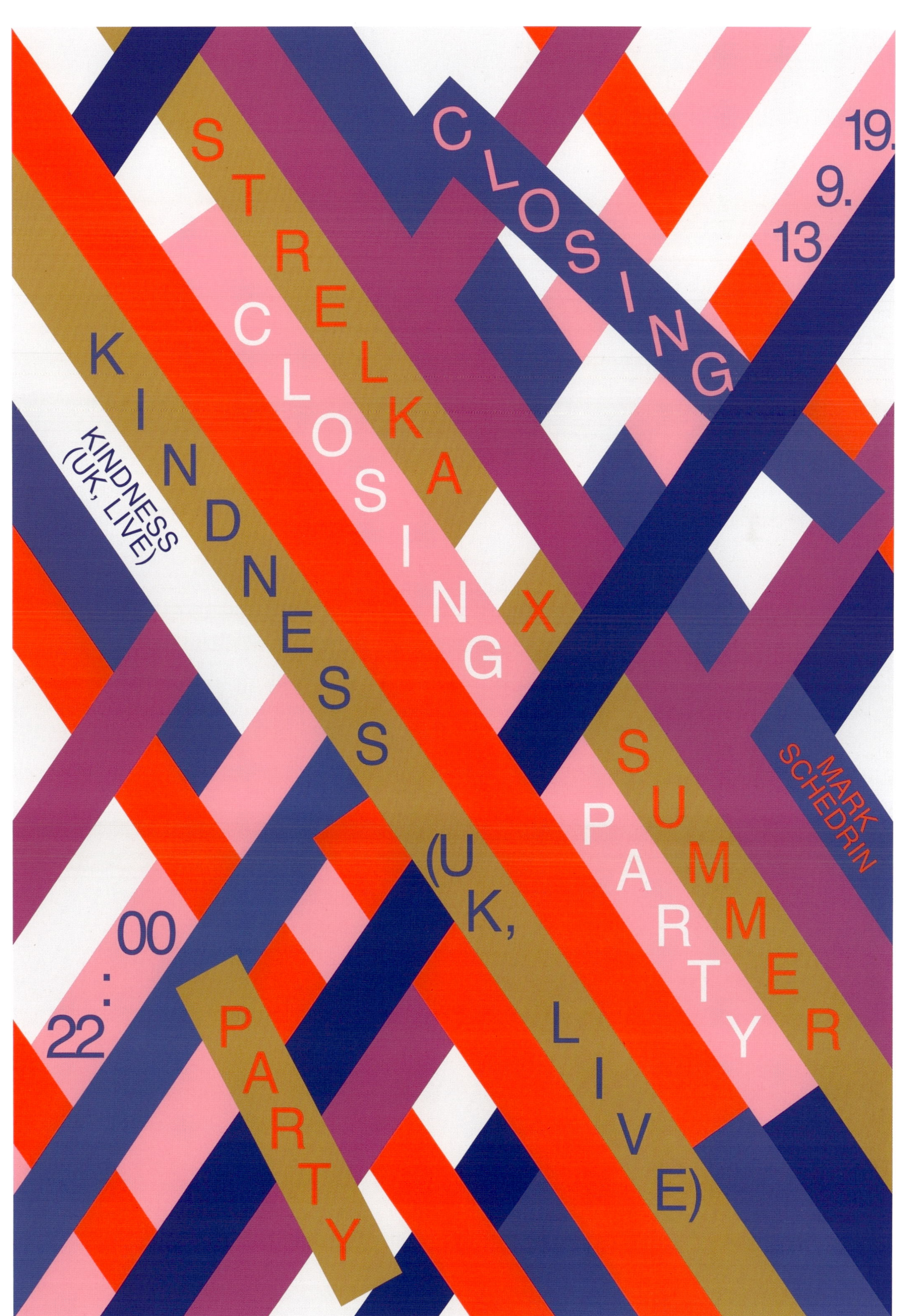
STRELKA
CLOSING X
KINDNESS
KINDNESS
(UK, LIVE)
SUMMER
PARTY
CLOSING
SUMMER PARTY
(UK, LIVE)
MARK SCHEDRIN
19.
9.
13
22:00

STRELKA 23.11.19, 23:00
SELECTOR AFTER DARK
BEEFEATER SESSIONS
BRADLEY ZERO (UK)
SPUTNIK

STRELKA
KATYA
CELEBRINE
23:00
29.11.19
14. BLDG. 5A
BERSENEVSKAYA
EMBANKMEN
DANYA MU
& TAU

STRELKA
REOPENING
PARTY DAY1
07.02.2020
23:00
SIMPLE
SYMMETRY
STRELKA 07.02.2020 23:00
REOPENING PARTY DAY1
SIMPLE SYMMETRY
ALL NIGHT LONG

STRELKA
14.02
23:00
LOVER TO LOVER
SANTA VALENTINA
Lover To Lover
14.02 23:00
Santa Valentina
All Night Long

ANISIA KUZMINA
& NIKITA LUKYANOV
STRELKA
21.02 23:00

STRELKA
23:00
KIRILL
& ZHENIA
07.03.20
IVANOV
BORZIKH
(СБПЧ)

KISELEV
STRELKA
FRIDAY 13TH
X
RUSSIA
MOSCOW
14, BLDG. 5A,
BERSENEVSKAYA EMB.
13.03
23:00
ORANGE

STRELKA
CABLE TOY
(SPB)
20.03
23:00
ALL NIGHT
LONG

STRELKA
07.06 23:00
ALL NIGHT
STRELKA
07.06 23:00
PHILIPP
PETRENKO
PHILIPP
PETRENKO
ALL NIGHT
LONG
Bersenevskaya
Naberezhnaya, 14/5,
Moskva

STRELKA
17.07.2020, 22–02:00
STRELKA
17.07.2020, 22–02:00
STRELKA BAR
14 BERSENEVSKAYA EMBANKMENT, BLDG. 5,
MOSCOW, RUSSIA
«РУССКИЙ БРОМАНС»
POKO COX И DIMA MIDBORN

STRELKA
24.07.20
FRIEND'S
JACUZZI
22–02:00

POLO KEBAB: Strelka Bar. 2020.

STRELKA
23–
3:0
0
POLO KE
BAB
31.
07

AN-
DREY
LIPA
23:00-
03:0
STRELKA
STRELKA BAR
14 BERSENEVSKAYA
EMBANKMENT, BLDG. 5
07.08

21.
08.
20
Strelka
21.08.20
Natasha BAI
23:00–03:00
14 Bersenevskaya
Embankment, bldg.5
N-
ATA-
S-
HA
BAI
23:
STRELKA
20:
00:

Strelka
28.08.20
Koyil&
Polam
23:00–
03:0
Strelka 28.08.20
Koyil&Polam 23:00–03:00
14 Bersenevskaya Embankment, Bldg.5

misha
gan-
nushkin
yas-
trubi-
tskaya
vokbud
&
11.09
20
strelka
x «пакет
картошки»
bloody
mary
party
23:00—
3:00
пакет
картошки
14
Bersenevskaya
Embankment,
Bldg. 5

STREL KA
LIVE
SET
ПАСОШ
+ DJ
25
09
20
20
14 bersenevskaya
embankment bldg 5
Я БЫ ОСТА ЛСЯ
З ДЕ СЬ
НА ВСЕГ-
ДА
ka za
dj set ryan

STRELKA
02.
10.
2020
РУССКИЙ
БРОМАНС
DIMA
MIDBORN
&
POKO
COX

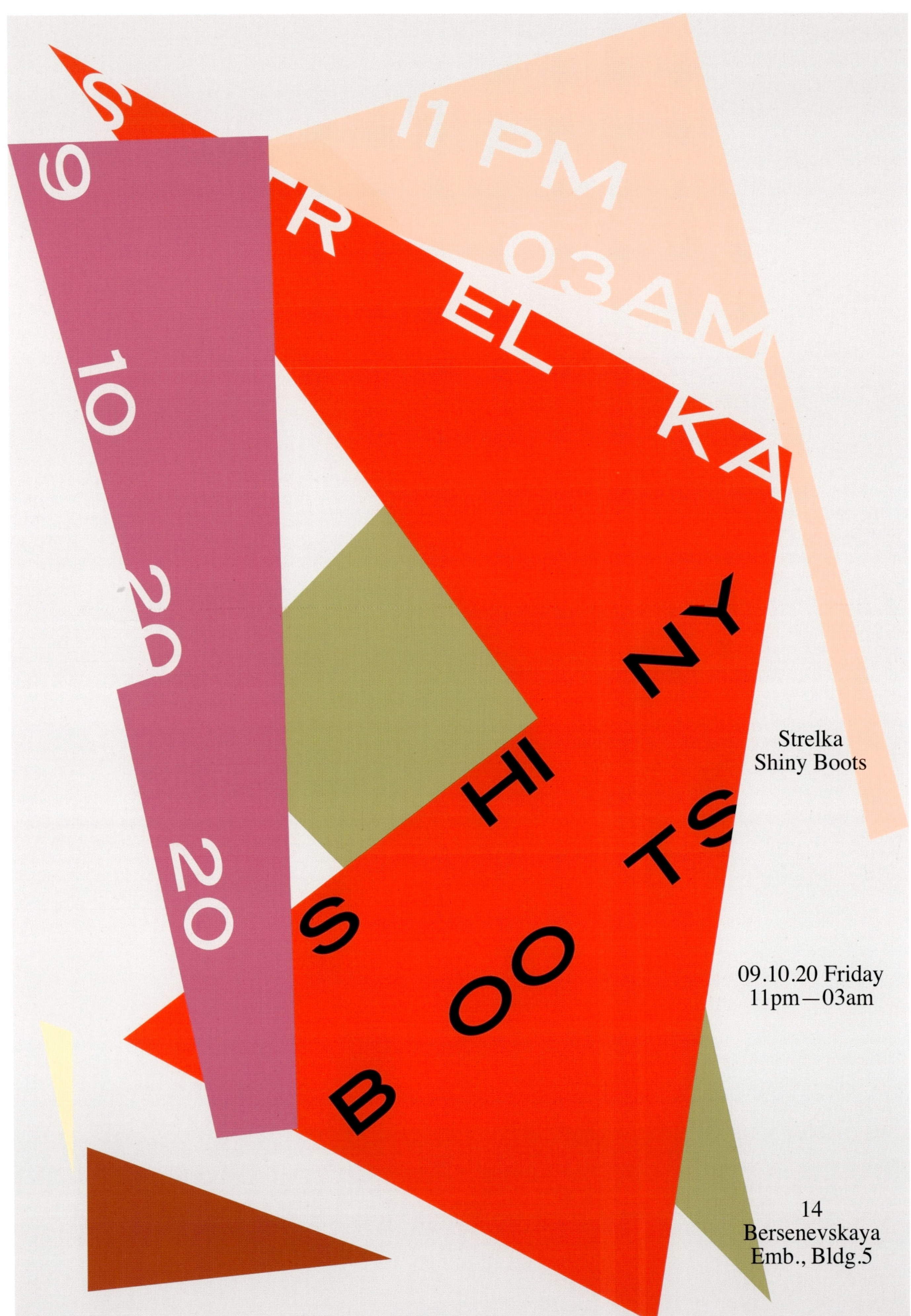
11 PM
03AM
STRELKA
SHINY BOOTS
Strelka
Shiny Boots
09.10.20 Friday
11pm—03am
14
Bersenevskaya
Emb., Bldg.5

ST
R
16.10.20 Friday
11pm—03am
ELKA
Strelka
Kierastoboy
16.
10
KIER
ASTO
14
Bersenevskaya
Emb.,
Bldg.5
BOY
20

STRELKA
31. 10. 20
Strelka
Sonya Muntyan
SONYA
MUN—
TYAN
11PM—3AM
31.10.20 Saturday
11pm—03am
14
Bersenevskaya
Emb., Bldg.5

BAR
Bersenevskaya
Naberezhnaya 14/5
STRELKA
06.11.2020 23:00
KIRILL
Кирилл Иванов
СБПЧ
IVANOV
ALL NIGHT LONG

STRELKA

15.11.2020

BAR

19:00

MOSCOW STRELKA

DRUMAPELLA

SONYA

ALEKSEY

TARASOVA

HELLASIQUE

STRELKA BAR 15.11.2020, 19:00 DRUMAPELLA: SONYA TARASOVA ALEKSEY HELLASIQUE
14 BERSENEVSKAYA EMBANKMENT, BLDG. 5A, MOSCOW, 119072, RUSSIA

TARASOVA

HELLASIQUE

SONYA

ALEKSEY

DRUMAPELLA

MOSCOW STRELKA

00:91

19:00

BAR

15.11.2020

STRELKA

14 BERSENEVSKAYA
EMBANKMENT, BLDG. 5A
MOSCOW, 119072, RUSSIA

STRELKA
GRAND PIANO
BAR
PAVEL HOTIN
Звуки Му
от Звуки Му
SUNDAY
NOVEMBER 22
2020, 20:00

MUTANT RADIO X STRELKA
MUTANT RADIO X STRELKA
MUTANTRADIO.NET
28.11.2020 19:00
YURA ANTONOV
DENIS RIABOV
FRIEND'S JACUZZI
YURA ANTONOV
DENIS RIABOV
FRIEND'S JACUZZI

STRELKA BAR, DECEMBER 19, 19:00
FREEDOM TO DANCE: MARK SCHEDRIN
14 PESNEVSKAYA, BLDG.5

STRELKA BAR 05.12.2020, 19:00
STRICTLY CHIC:
KOLYA RISH & KIRILL SHAPOVALOV

STRELKA
RECORD STOP
13.10.2020
12:00 — 22:00

STRELKA
16.01.2021
19:00
LOVE
TEMPO:
SPUTNIK
Love Tempo: Sputnik
16.01.2021, 19:00
Bersenevskaya Nab, 14/5
Moscow, Russia, 119072

Strelka
Bar
30
01
2021
23:00
Together:
Petr
Prokhorov
Dasha
Malygina
Bersenevskaya
Naberezhnaya, 14/5,
Moscow

STRELKA
23:00
13.02.2021
STRELKA BAR 13.02.2021, 23:00
STRICTLY CHIC:
STRICTLY CHIC: KOLYA RISH
& KIRILL SHAPOVALOV
KOLYA RISH &
KIRILL SHAPO-
VALOV
BERSENEVSKAYA NABEREZHNAYA,
14/5, MOSCOW, RUSSIA, 119072

STRELKA BAR
REUNION:
MISHA GANNUSHKIN
SONYA MUNTYAN
FEBRUARY 20
2021
REUNION:
MISHA GANNUSHKIN
SONYA MUNTYAN
23:00
FEBRUARY 20
2021
BERSENEVSKAYA NABEREZHNAYA, 14/5, MOSCOW

ГДЕ?
ЧТО?
КОГ-
ДА?
ESTHETIC
JOYS X
STRELKA
ДИСКОТЕКА: I96Y, YSSUE, MAROU KOVYĽOVA
06.
03
20
21
19:
30
УЖИН: МАЙЯ КЛУГМАН
КОКТЕЙЛИ: СЕРГЕЙ ЧЕСНОКОВ
ИГРА: АРАМ КИТБАЛЯН

FREEDOM
TO DANCE:
MARK
SCHEDRIN
STRELKA
BERSENEVSKAYA NAB.,
14/5 MOSCOW. RUSSIA
26.3
11PM

17.04.2021, 23:00 БАР «СТРЕЛКА»
ВЕЛИКОЕ МАСТЕРСТВО ПОХОЖЕ НА НЕУМЕНИЕ:
ЖЕНЯ БОРЗЫХ И КИРИЛЛ ИВАНОВ
17.04.2021, 23:00 БАР «СТРЕЛКА»
ВЕЛИКОЕ МАСТЕРСТВО ПОХОЖЕ НА НЕУМЕНИЕ:
ЖЕНЯ БОРЗЫХ И КИРИЛЛ ИВАНОВ
17.04.2021, 23:00 БАР «СТРЕЛКА»
ВЕЛИКОЕ МАСТЕРСТВО ПОХОЖЕ НА НЕУМЕНИЕ:
ЖЕНЯ БОРЗЫХ И КИРИЛЛ ИВАНОВ
17.04.2021, 23:00 БАР «СТРЕЛКА»
ВЕЛИКОЕ МАСТЕРСТВО ПОХОЖЕ НА НЕУМЕНИЕ:
ЖЕНЯ БОРЗЫХ И КИРИЛЛ ИВАНОВ

ТАЛЬНИК
(LIVE)
ЛЁВА ЖИЦКИЙ,
ДЕНИС РЯБОВ
JACK DANIEL'S
MAKE IT
COUNT
30 АПРЕЛЯ 2021, 23:00
БАР «СТРЕЛКА» ДО ЗАВТРА!

JAMESON
YARD   X
STRELKA
BAR
13th AUGUST 23:00
JAMIE TILLER
ALL NIGHT LONG
JAMESON
ЧРЕЗМЕРНОЕ УПОТРЕБЛЕНИЕ АЛКОГОЛЯ ВРЕДИТ ВАШЕМУ ЗДОРОВЬЮ 18+

ZHILIN: Strelka Bar. 2021.

STRELKA
NI-L-IZ
14
14.08
STRELKA14.08.2020 ZHILIN 23:00—03:00
14 BERSENEVSKAYA EMBANKMENT, BLDG. 5

JAMESON
YARD
STRELKA
BAR
X
Lipelis
Lovvlovver
Noteless
Viktor Glazunov
Glonti.Mak
Vitaly Filonov
Daniil Brod
Kito Jempere
Maru
19TH AUGUST 21:00
MANCAVE (LIVE)
ПРЕМЬЕРА
JAMESON
ЧРЕЗМЕРНОЕ УПОТРЕБЛЕНИЕ АЛКОГОЛЯ ВРЕДИТ ВАШЕМУ ЗДОРОВЬЮ 18+

STRELKA BAR
04.09.2021, 23:00

BASSO (DE)
ALL NIGHT LONG

14/5 BERSENEVSKAYA
NABEREZHNAYA MOSCOW
WWW.STRELKA.COM

JAMESON YARD
X
STRELKA BAR
SUMMER CLOSING PARTY
17.09.2021
22:00
FRIEND'S JACUZZI
MARK SCHEDRIN
PELLEGRINO PRES
ZODYACO (IT, LIVE)

STRELKA BAR
16.10.2021
23:00
TIM KOH (US, DJ SET)
SHINY BOOTS
TIM KOH
(US, DJ SET)
SHINY
BOOTS
BERSENEVSKAYA
NABEREZHNAYA, 14/5

БАР «СТРЕЛКА» 03.12.2021, 23:00
ВЕЧЕР ЗАПРЕТНЫХ УДОВОЛЬСТВИЙ
И ИНТИМНОЙ МУЗЫКИ

XXX MUSIC

ДИДЖЕЙ ТИГРЕССА НАТАЧЧА ЧИЧЧОЛИНА
НАТАЛИЯ ДЕ БАЙЛАНДО

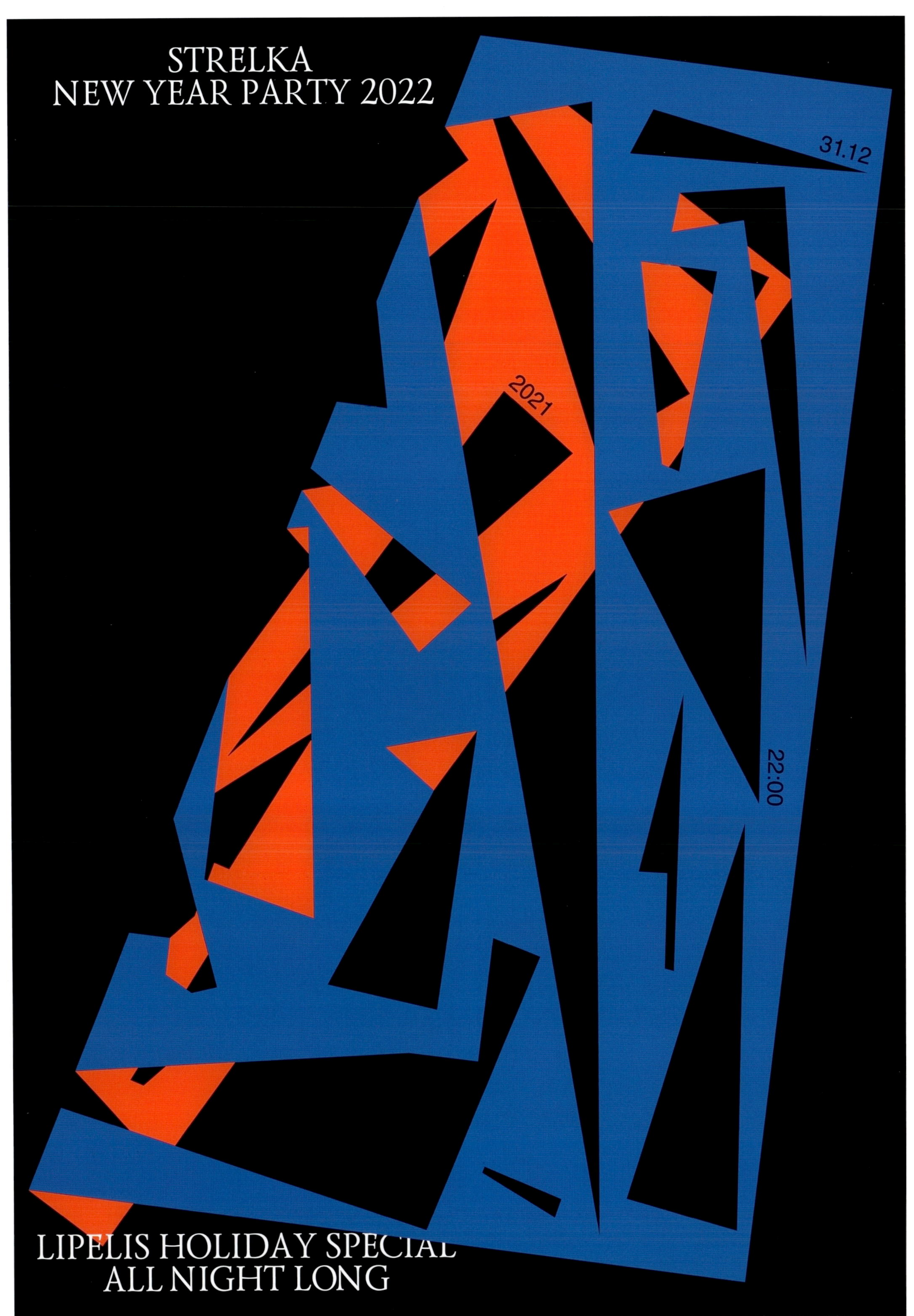
STRELKA
NEW YEAR PARTY 2022
31.12
2021
22:00
LIPELIS HOLIDAY SPECIAL
ALL NIGHT LONG

STRELKA BAR 05.02.2022, 23:00
FRINDA DI LANCO (DE, DJ SET)
SHINY BOOTS
TOM OF ENGLAND (UK, DJ SET)
BERSENEVSKAYA NABEREZHNAYA, 14/5

DESIGN

STRELKA PRESS

ГАРАЖ

STRELKA

Оливия Эрлангер
Люис Готлиб

ПРЕСС   PRESS

GARAGE

ДОМЕСТИКАЦИЯ ГАРАЖА

ВВЕДЕНИЕ

МАЙК ЛАЙДОН
ЭНТОНИ ГАРСИА
ТАКТИЧЕСКИЙ
УРБАНИЗМ
КРАТКОСРОЧНЫЕ
ДЕЙСТВИЯ —
ДОЛГОСРОЧНЫЕ
ПЕРЕМЕНЫ
STRELKA PRESS

РЕМ КОЛХАС
НЬЮ-ЙОРК
ВНЕ СЕБЯ
STRELKA PRESS

I was tasked with designing the cover for the Russian-language edition of Rem Koolhaas' renowned book, 'Delirious New York'.

This project held special significance for me, as I live in New York and have a deep love for the city.

In my usual approach, I aimed for simplicity. New York is characterised by its rectangles—from residential blocks and skyscrapers to Central Park. Inspired by this, I incorporated a green rectangle on the cover. To complement the green, I chose a vibrant pink background, blending these two colours to capture the unique energy of New York City.

ГРИГОРИЙ РЕВЗИН
КАК УСТРОЕН ГОРОД
STRELKA PRESS

SELECTED WORK

PRAGUE
SCHOOL
OF
DESIGN
Prague
School
of Design
5–11/12/2012
PRAGUEDESIGNSCHOOL.COM
7 ДНЕЙ ИНТЕНСИВА   84 ЧАСА ЗАНЯТИЙ
9 ПРЕПОДАВАТЕЛЕЙ
14 АКТУАЛЬНЫХ ТЕМ
ЧТО?
ВСТРЕЧА С РОССИЙСКИМИ И ЧЕШСКИМИ ЗВЕЗДАМИ ДИЗАЙНА
(В ИХ ЧИСЛЕ — ЕВРОПЕЙСКИЙ «ДИЗАЙНЕР 2011 ГОДА»),
ПРИНЯТЬ УЧАСТИЕ В ФЕСТИВАЛЕ RODCHENKOFEST, И, КОНЕЧНО,
ВОЗМОЖНОСТЬ ОКУНУТЬСЯ В РОЖДЕСТВЕНСКУЮ
АТМОСФЕРУ САМОГО СКАЗОЧНОГО ГОРОДА ЕВРОПЫ.
КОМУ?
КУРС СОЗДАН ДЛЯ ДИЗАЙНЕРОВ-ГРАФИКОВ, КОТОРЫЕ
НАХОДЯТСЯ В ПЛОТНОМ ЕЖЕДНЕВНОМ ПРОФЕССИОНАЛЬНОМ
ПОТОКЕ, ЧТОБЫ ДАТЬ ИМ ВОЗМОЖНОСТЬ УВЕЛИЧИТЬ ОБЪЕМ
ЗНАНИЙ И ПОСМОТРЕТЬ НА СОБСТВЕННЫЙ ТВОРЧЕСКИЙ ПУТЬ СО СТОРОНЫ. ОН БУДЕТ ПОЛЕЗЕН
ТАКЖЕ МЕНЕДЖЕРАМ И ДИЗАЙН-ПРОДЮСЕРАМ, КОТОРЫЕ ЗАНИМАЮТСЯ ПРОДВИЖЕНИЕМ ДИЗАЙНЕРСКИХ УСЛУГ,
И РЕКЛАМИСТАМ, РАБОТАЮЩИМ В ОБЛАСТИ ЭМОЦИОНАЛЬНОГО БРЕНДИНГА.
ГДЕ?
ПРОЖИВАНИЕ В ИСТОРИЧЕСКОМ ЦЕНТРЕ ПРАГИ,
ОБУЧЕНИЕ В СТАРЕЙШЕМ ВУЗЕ ЦЕНТРАЛЬНОЙ
ЕВРОПЫ, ГЛАВНОМ УЧЕБНОМ ЗАВЕДЕНИИ
ЧЕХИИ —КАРЛОВОМ УНИВЕРСИТЕТЕ.
КОГДА?
5–11 ДЕКАБРЯ 2012 ГОДА (ДЕНЬ ПРИЕЗДА
4 ДЕКАБРЯ, ДЕНЬ ОТЪЕЗДА 12 ДЕКАБРЯ,
ВОЗМОЖЕН И БОЛЕЕ ПОЗДНИЙ ОТЪЕЗД)
ФОРМАТ
ЗАНЯТИЯ БУДУТ ПРОХОДИТЬ В ИНТЕНСИВНОМ РЕЖИМЕ, ВКЛЮЧАЯ В СЕБЯ КУЛЬТУРНО-ПРОФЕССИОНАЛЬНЫЕ ЭКСКУРСИИ,
ГОРОДСКИЕ НАТУРНЫЕ ИССЛЕДОВАНИЯ, ЛЕКЦИИ, ИНДИВИДУАЛЬНЫЕ КОНСУЛЬТАЦИИ, ПРОЕКТНЫЕ СЕМИНАРЫ, МАСТЕР-КЛАССЫ,
ПРЕЗЕНТАЦИИ И ПРАКТИЧЕСКИЕ ВОРК-ШОПЫ.
WHINTER SCHOOL 2012
ПРЕПОДАВАТЕЛИ
АНДРЕЙ АМЛИНСКИЙ/ БЕРЛИН
ПЕТР БАБАК/ ПРАГА
ФИЛИП БЛАЖЕК/ ПРАГА
ПЕТР БАНКОВ/ МОСКВА-ПРАГА
ЮРИЙ ГУЛИТОВ/ МОСКВА
ЕВГЕНИЙ ДОБРОВИНСКИЙ/ МОСКВА
АЛАН ЗАРУБА/ ПРАГА
МИХАЕЛА КУКОВИЧОВА/ ПРАГА
РОБЕРТ В. НОВАК/ ПРАГА
ДИЗАЙН СТУДИЯ «ОФИЦИНА»/ ПРАГА
ДИЗАЙН СТУДИЯ «РЕДЕЗАЙН»/ ПРАГА
СЕРГЕЙ СЕРОВ/ МОСКВА
АЛЖБЕТА СКАЛОВА/ ПРАГА
БОРИС ТРОФИМОВ/ МОСКВА
ВАЛЕНТИНА УДИНЦЕВА/ ПРАГА
ОРГАНИЗАТОРЫ
КАРЛОВ УНИВЕРСИТЕТ (ПРАГА)
АКАДЕМИЯ ГРАФИЧЕСКОГО ДИЗАЙНА (МОСКВА)
ВЫСШАЯ АКАДЕМИЧЕСКАЯ ШКОЛА ГРАФИЧЕСКОГО ДИЗАЙНА (МОСКВА)
ДИЗАЙН-СТУДИЯ «DOUBLEV» (ПРАГА)
РУССКИЙ ДИЗАЙН-ЦЕНТР (ПРАГА)
ФОНД «ЗОЛОТАЯ ПЧЕЛА» (МОСКВА)
ЖУРНАЛ «КАК» (МОСКВА)
СТУДИЯ «ДИЗАЙН ДЕПО» (МОСКВА-ПРАГА)
05/11–11/12/2012

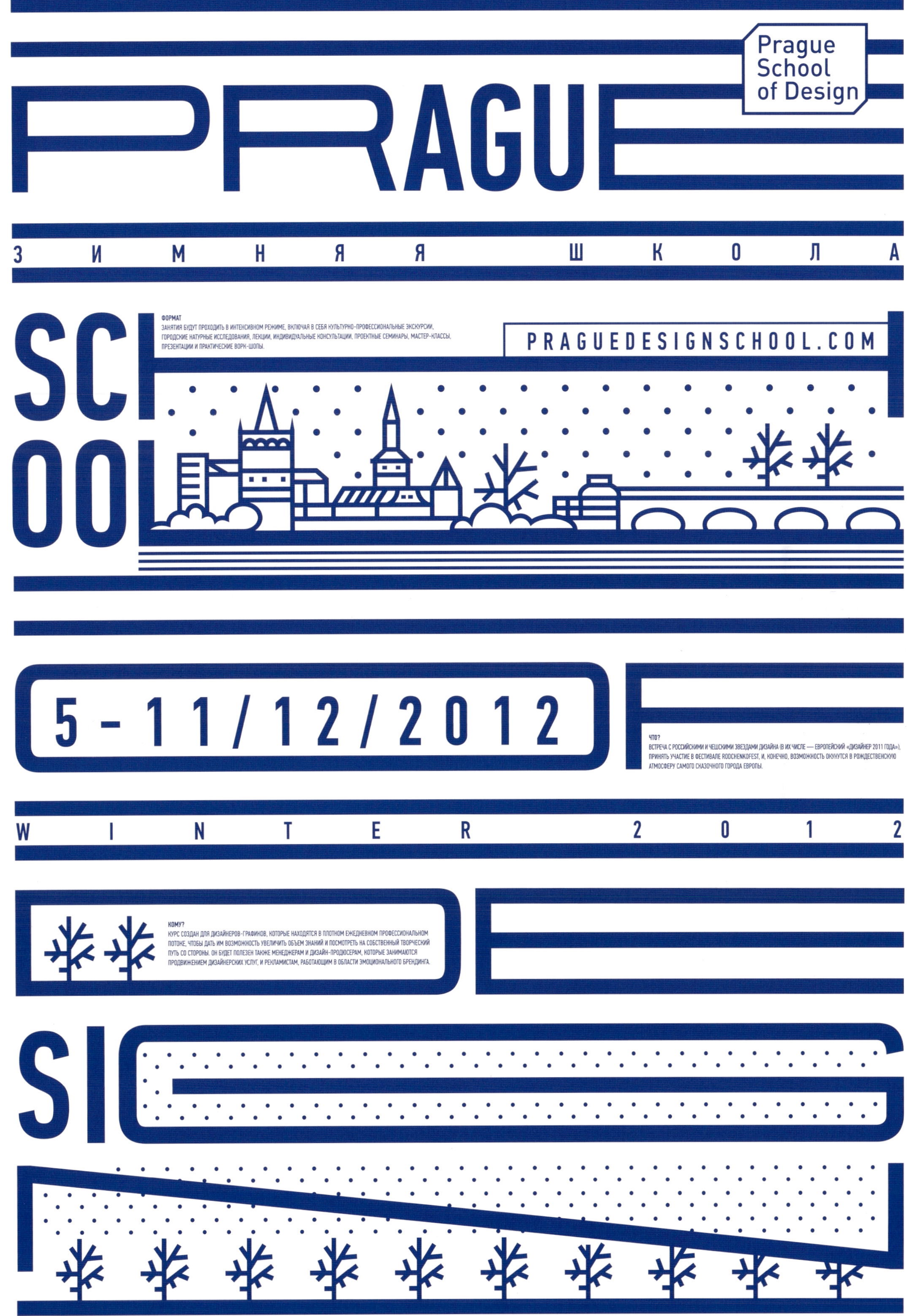

PRAGUE
Prague School of Design
SC OO L
ЗИМНЯЯ ШКОЛА
ФОРМАТ
ЗАНЯТИЯ БУДУТ ПРОХОДИТЬ В ИНТЕНСИВНОМ РЕЖИМЕ, ВКЛЮЧАЯ В СЕБЯ КУЛЬТУРНО-ПРОФЕССИОНАЛЬНЫЕ ЭКСКУРСИИ, ГОРОДСКИЕ НАТУРНЫЕ ИССЛЕДОВАНИЯ, ЛЕКЦИИ, ИНДИВИДУАЛЬНЫЕ КОНСУЛЬТАЦИИ, ПРОЕКТНЫЕ СЕМИНАРЫ, МАСТЕР-КЛАССЫ, ПРЕЗЕНТАЦИИ И ПРАКТИЧЕСКИЕ ВОРК-ШОПЫ.
PRAGUEDESIGNSCHOOL.COM
5 – 11 / 12 / 2012
ЧТО?
ВСТРЕЧА С РОССИЙСКИМИ И ЧЕШСКИМИ ЗВЕЗДАМИ ДИЗАЙНА (В ИХ ЧИСЛЕ — ЕВРОПЕЙСКИЙ «ДИЗАЙНЕР 2011 ГОДА»), ПРИНЯТЬ УЧАСТИЕ В ФЕСТИВАЛЕ RODCHENKOFEST, И, КОНЕЧНО, ВОЗМОЖНОСТЬ ОКУНУТСЯ В РОЖДЕСТВЕНСКУЮ АТМОСФЕРУ САМОГО СКАЗОЧНОГО ГОРОДА ЕВРОПЫ.
WINTER 2012
КОМУ?
КУРС СОЗДАН ДЛЯ ДИЗАЙНЕРОВ-ГРАФИКОВ, КОТОРЫЕ НАХОДЯТСЯ В ПЛОТНОМ ЕЖЕДНЕВНОМ ПРОФЕССИОНАЛЬНОМ ПОТОКЕ, ЧТОБЫ ДАТЬ ИМ ВОЗМОЖНОСТЬ УВЕЛИЧИТЬ ОБЪЕМ ЗНАНИЙ И ПОСМОТРЕТЬ НА СОБСТВЕННЫЙ ТВОРЧЕСКИЙ ПУТЬ СО СТОРОНЫ. ОН БУДЕТ ПОЛЕЗЕН ТАКЖЕ МЕНЕДЖЕРАМ И ДИЗАЙН-ПРОДЮСЕРАМ, КОТОРЫЕ ЗАНИМАЮТСЯ ПРОДВИЖЕНИЕМ ДИЗАЙНЕРСКИХ УСЛУГ, И РЕКЛАМИСТАМ, РАБОТАЮЩИМ В ОБЛАСТИ ЭМОЦИОНАЛЬНОГО БРЕНДИНГА.
SI
PRAGUEDESIGNSCHOOL.COM

PRAGUE
SCHOOL
DESIGN
Prague
School
of Design
PRAGUE 2013
14 АКТУАЛЬНЫХ ТЕМ   9 ПРЕПОДАВАТЕЛЕЙ
PRAGUEDESIGNSCHOOL.COM
19–25/07/13
2013
ЗАНЯТИЯ БУДУТ ПРОХОДИТЬ В ИНТЕНСИВНОМ РЕЖИМЕ, ВКЛЮЧАЯ В СЕБЯ КУЛЬТУРНО-ПРОФЕССИОНАЛЬНЫЕ ЭКСКУРСИИ, ГОРОДСКИЕ НАТУРНЫЕ ИССЛЕДОВАНИЯ, ЛЕКЦИИ, ИНДИВИДУАЛЬНЫЕ КОНСУЛЬТАЦИИ, ПРОЕКТНЫЕ СЕМИНАРЫ, МАСТЕР-КЛАССЫ, ПРЕЗЕНТАЦИИ И ПРАКТИЧЕСКИЕ ВОРК-ШОПЫ.
ВСТРЕЧА С РОССИЙСКИМИ И ЧЕШСКИМИ ЗВЕЗДАМИ ДИЗАЙНА, ПРИНЯТЬ УЧАСТИЕ В ФЕСТИВАЛЕ RODCHENKOFEST

19–25/07/13
PRAGUE SCHOOL
OF DESIGN

PRAGUE SCHOOL OF DESIGN   19–25/07/13
PRAGUE
15.06 ЭД ЛАЙН
2013

Prague
School
of Design
summer
19—25.06
лето
prague school of design
пражская школа
дизайна

prague
school
of
design
summer
Prague
School
of Design
19–25.06
'19——25.06'15
summer school of design
пражская школа
дизайна
лето

19—25.06.15
Prague
School
of Design
prague
school
of
design

prague
Prague
School
of Design
19——25.06.15
design
prague
school
of
design

prague school
of design
прага
summer school
of design
'19
летняя
школа дизайна
prague
-20%
до 15.04
-20%
до 15.04
-20%
до 15.04
-20%
до 15.04
-20%
до 15.04
-20%
до 15.04
prague school
of design
прага
summer school
of design
'19
летняя
школа дизайна
prague
-20%
до 15.04
-20%
до 15.04
-20%
до 15.04
-20%
до 15.04
-20%
до 15.04

This project holds significant importance for me as it marked a pivotal moment in my career, guiding me toward the kind of design work I wanted to pursue.

I created this project back in 2012 while I was a resident at the Fabrica Research Centre. During my time there, I had the opportunity to think deeply and experiment with my ideas. I was tasked with developing an identity for a design school in Prague during the winter.

At that point, I hadn't yet developed my own distinct style, so I decided to follow my instincts and create something I genuinely liked. The client had a limited budget, which allowed me complete creative freedom.

I began with typography and decided to enhance it with an illustration of Prague and snow. My goal was to seamlessly integrate the illustration and typography so they would appear as one cohesive unit. This approach became a foundational principle in my later work, particularly in the Strelka posters. I chose bright blue as the primary and sole colour, aiming to unify the illustration and typography while also conveying a winter theme.

The client was very pleased with the result, and the project was successful enough that I was asked to design for a few more seasons.

My favourite season was the summer of 2015. By then, I had grown tired of traditional illustrations and decided to create letters from the same elements I used to construct the houses. The posters from that season came in two styles: one where the elements formed letters and another where they appeared as free-form shapes.

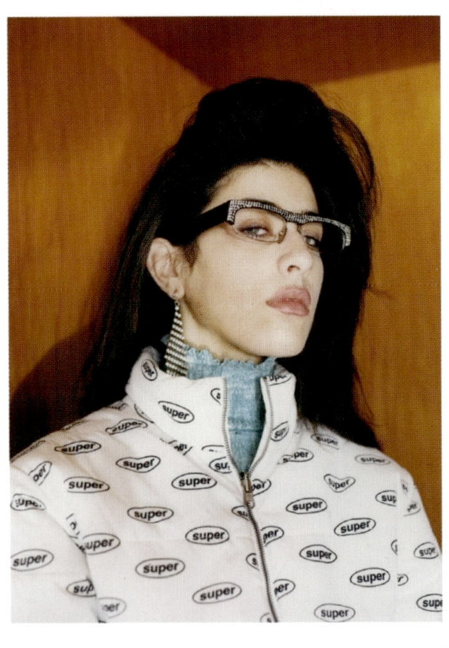

super
YAYA
100% AFRICOSMIC SUPER-YAYA.COM

super
YAY
SS2015
Y   A
WWW.S
WWW.S
WWW.S
WWW.S
100%
100%
SUPER YAYA
YA
Y   A   Y
100%
100%
Y   A   Y   A
YAYA
SS
FW2

FW2015

super
super

™

100%

YAYA

PERYAYA.COM
PERYAYA.COM
PERYAYA.COM
PERYAYA.COM

YA

SS2015

super
super
super
super

WWW.SUPERYAYA.COM
WWW.SUPERYAYA.COM
WWW.SUPERYAYA.COM
WWW.SUPERYAYA.COM

2015

YAYA

015

super
super
super
super

super

HALF
HALF
HALF
HALF
HALFAND.CO
GZHEL N
GZHEL N

HALF
HALF
HALF
HALF
EW GZHEL
EW GZHEL
NEW GZHEL
HALF
HALF
HALF
HALF
KITCHENWARE
FULL OF
INSPIRATION
HALF
HALF
MAKING
PINTEREST
JEALOUS
737
White with blue rim enamel mug with
double enamel coating Falcon
DOT'27.5
Доставка по России и СНГ
1 × 1050₽
Итого с доставкой:
1 × 4850₽
Марина
nikolaevna.marina@gmail.com, 89661236762
Москва, Садовая - Кудринская 23, стр. 1
0₽
5900₽

HALF
HALF
HALF
HALF
HALF&HALF
KULACHEK
HALF
HALF
HALFAND.CO
HALF&HALF
KULACHEK
HALFAND.CO
HALF

HALF
HALF 
HALF
HALF
HALF
HALF
HALF
HALF

HALF
HALF
BEST
OF BOTH
KITCHENWARE
FULL OF
INSPIRATION
AL
TER

HALF
HALF

MOSCOW MOSCOW MOSCOW
MOSCOW
MOSCOW MOSCOW
MOSCOW
MOSCOW
MOSCOW
MOSCOW
MOSCOW
MOSCOW
MOSCOW MOSCOW MOSCOW
MOSCOW

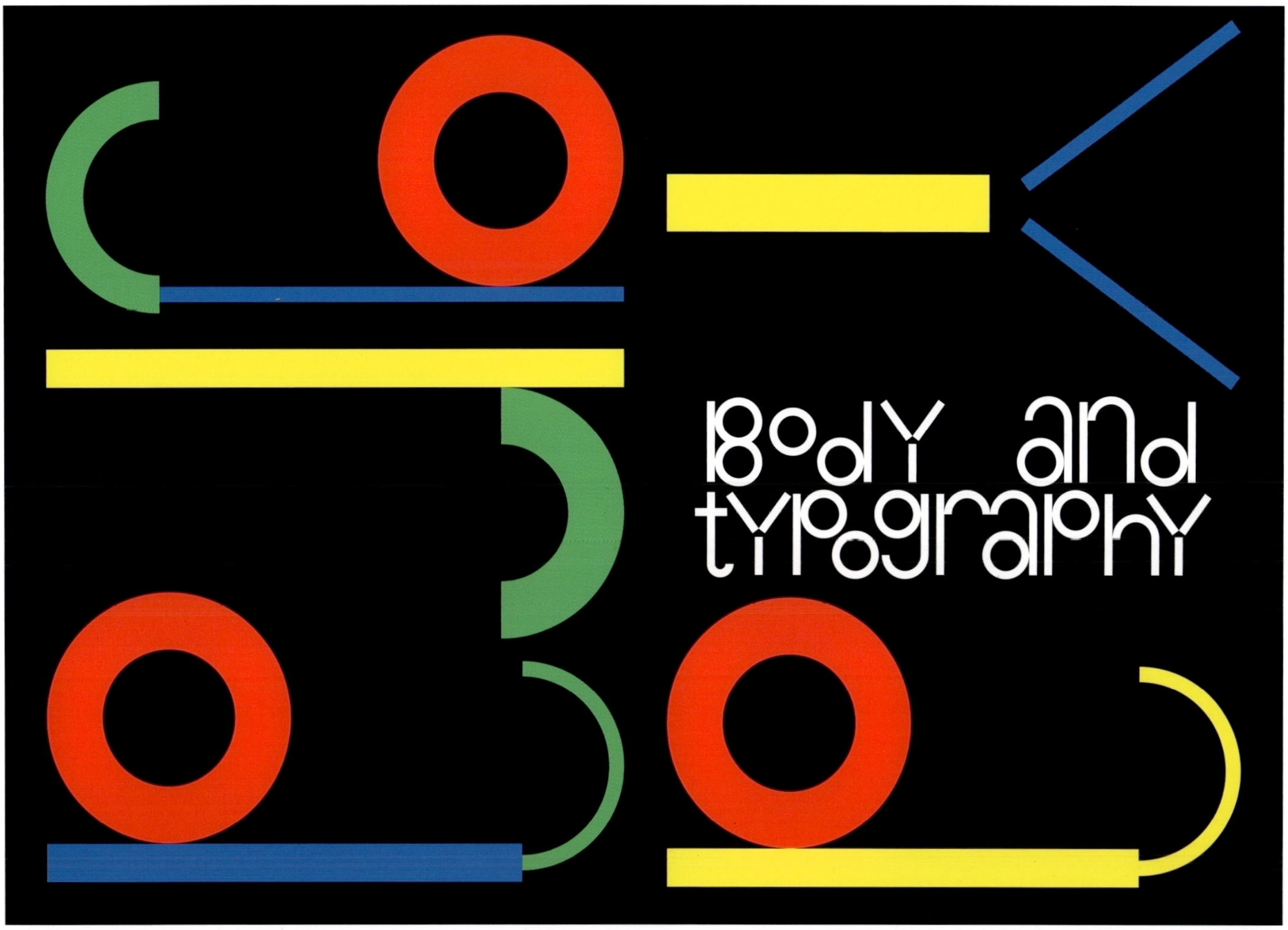

Body and
Typography

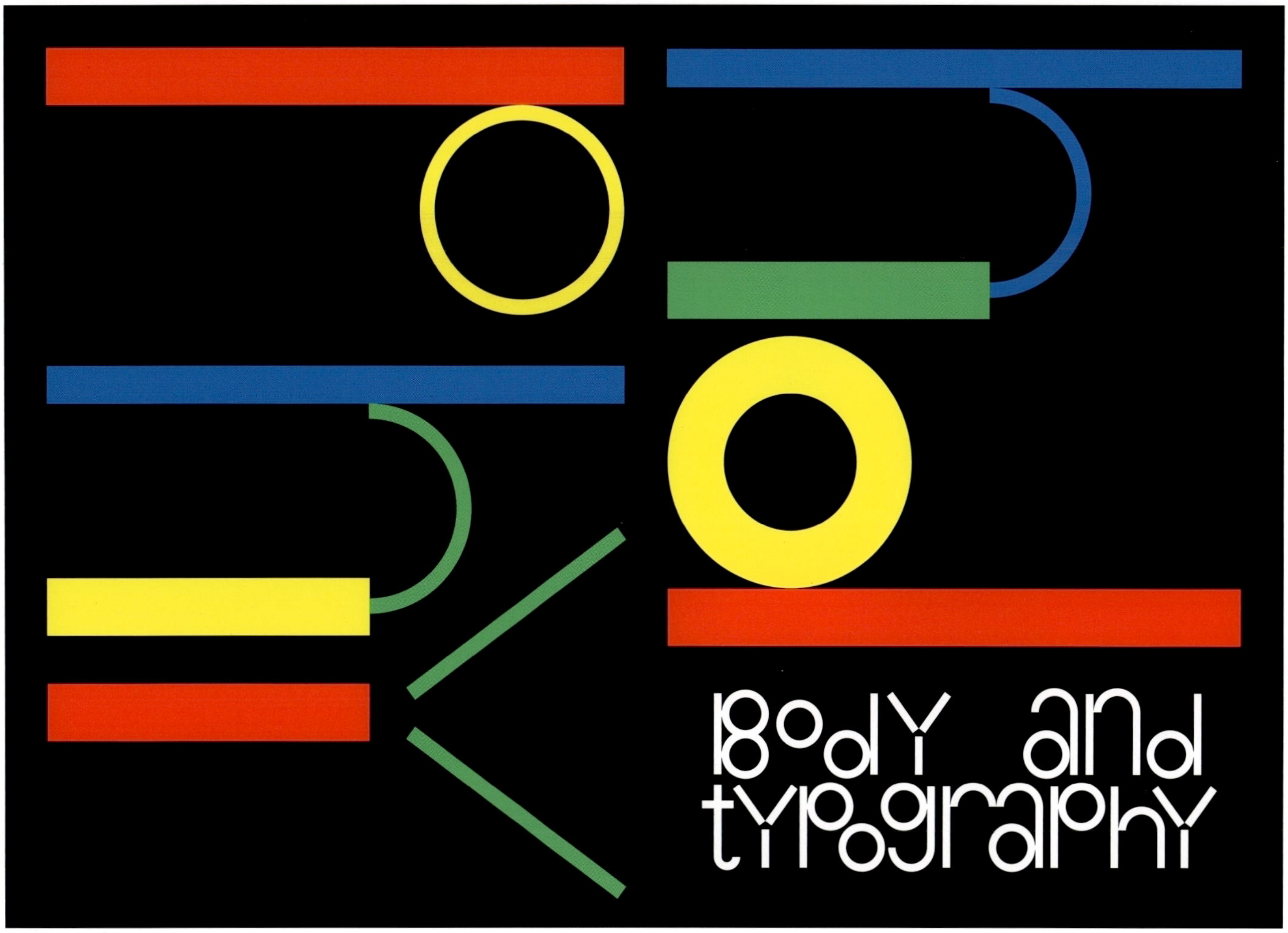

Body and
Typography

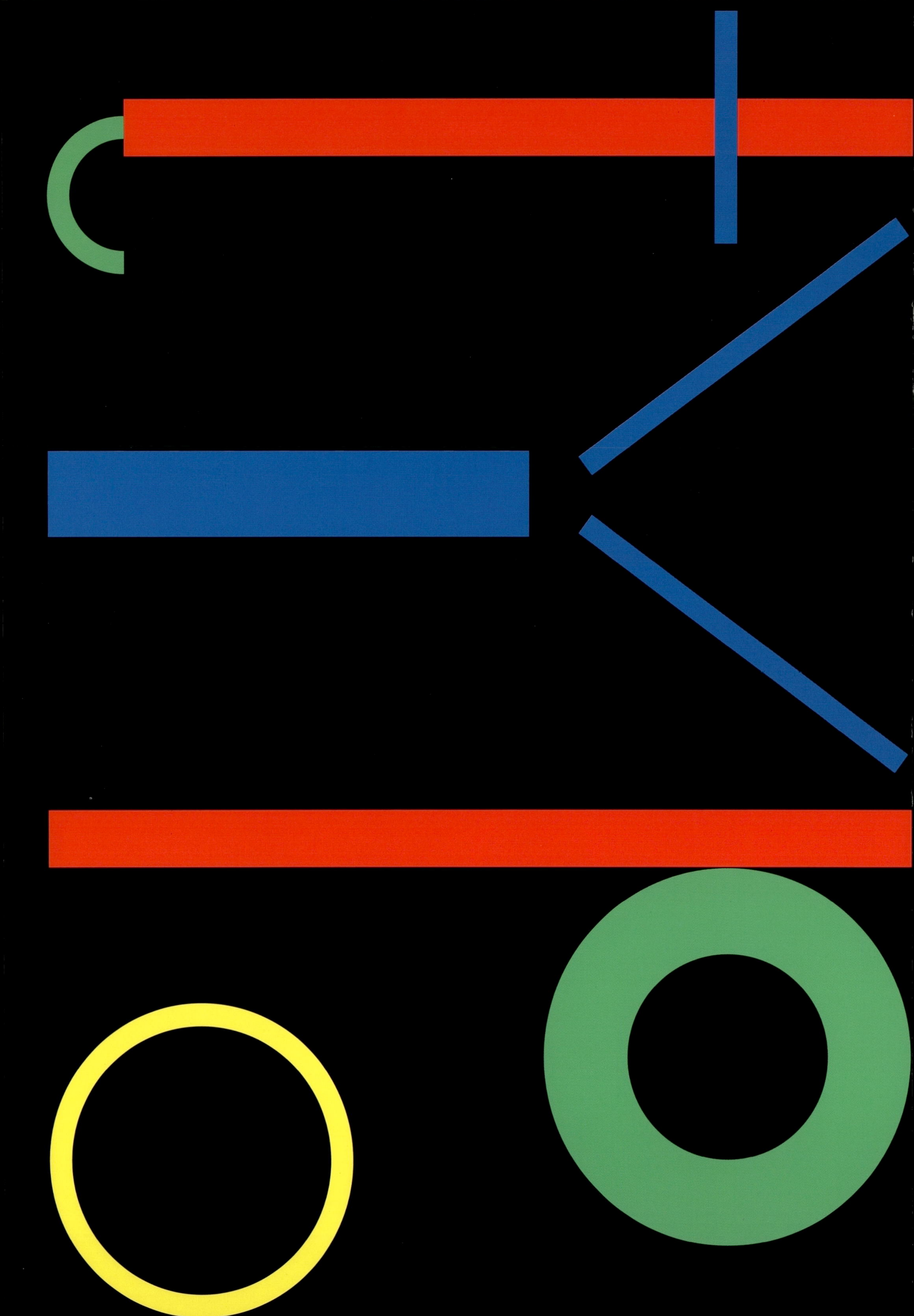

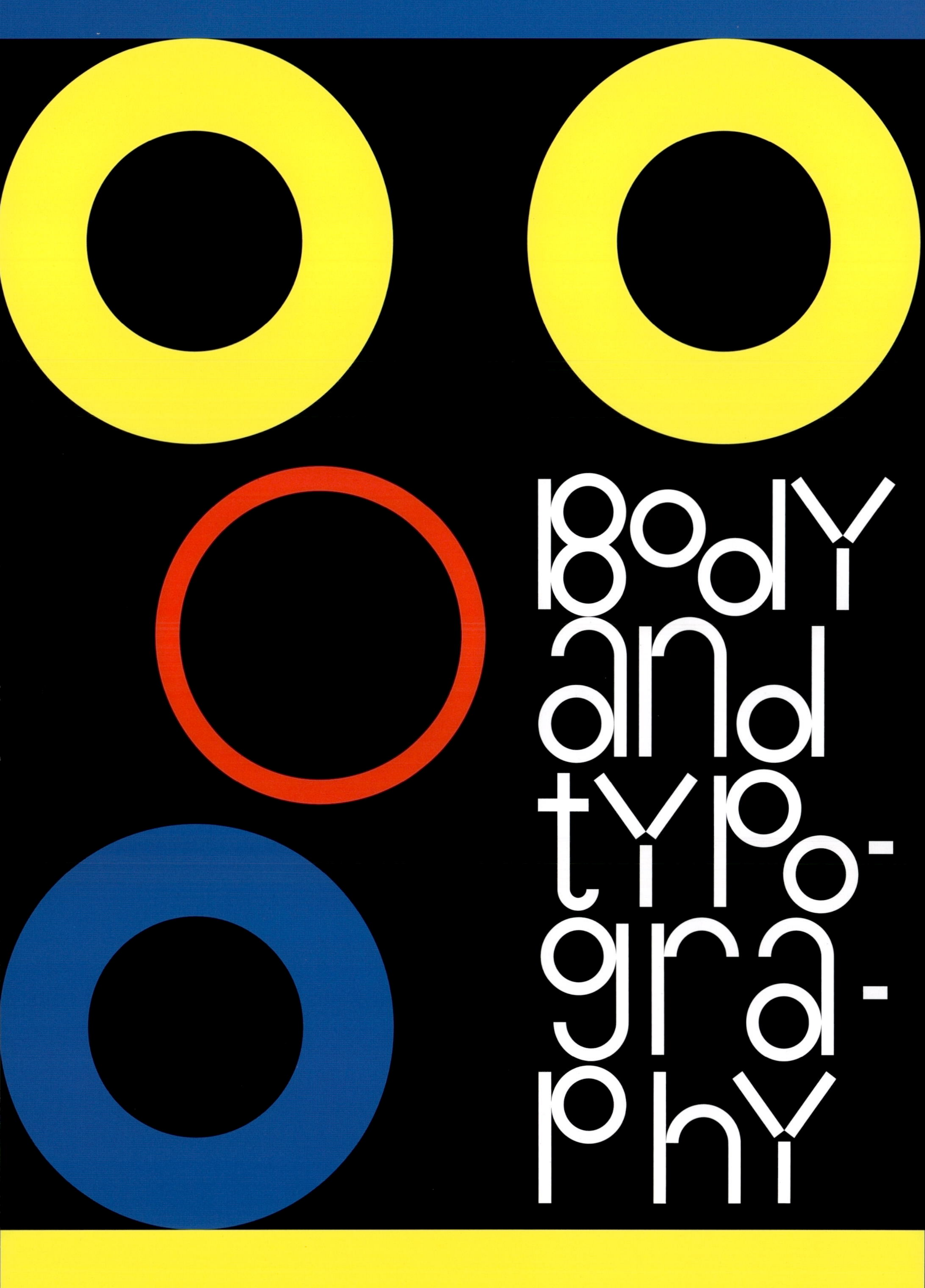
body
and
typo-
gra-
phy

100 m
De
va
Recyclo
4,7 -

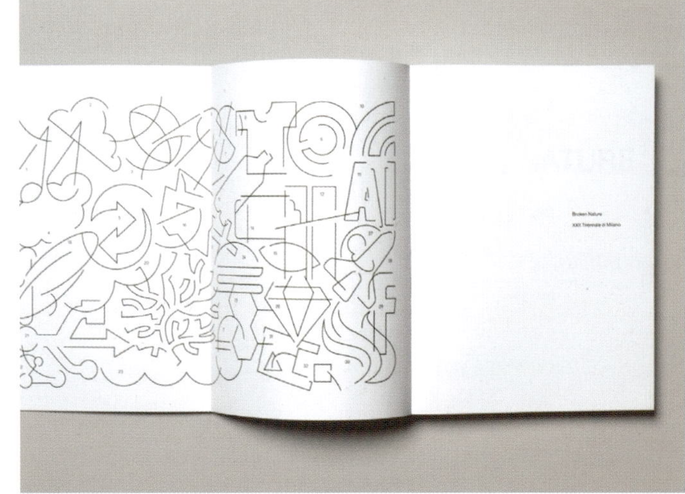

Broken Nature is an exhibition at the Triennale in Milan, curated by Paola Antonelli. Through this exhibition, Paola aimed to highlight the various contemporary issues affecting our planet. To visually represent these themes, she asked me to create an icon for each topic. This brief was clear enough to help establish a distinct identity for the exhibition.

Although it seemed like a straightforward task, it was quite challenging due to the overuse of ecological icons. I wanted to approach the project from a fresh perspective, creating a style that could be versatile and impactful.

To achieve this, I decided to incorporate a 'broken' effect into the icons, aligning with the exhibition's theme of 'Broken Nature'. This approach not only conveyed the primary message but also introduced an additional layer of meaning. The icons now also symbolise the interconnectedness of the planet's problems, reflecting the main message of the Triennale.

BROKEN
NATURE
2019
#brokennature
XXII Triennale
Milano 2019
Design Takes
on Human Survival
1. Rising water levels 2. Unfair trade 3. Antibiotics resistance 4.
7. Nuclear waste 8. Acid rain, ecosystem erosion 9. Religi
12. Climate change 13. Agriculture 14. Recycling 15. Ov
1. Rising water levels 2. Unfair trade 3. Antibiotics resistance 4.
8. Acid rain, ecosystem erosion 9. Religion 10. Energy 11. F
14. Recycling 15. Overfishing, food chain 16. Fast fashion
akes on
an Survival
Triennale
ernational
hibition
o 2019

BROKEN NATURE

Broken Nature:
Design Takes on
Human Survival

XXII Triennale
International Exhibition
Milano

Triennale
Milano

March 1 –
September 1
2019

#brokennature

brokennature.org
triennale.org
IG broken__nature

2019

LA TRIENNALE DI MILANO

Bureau
International
des Expositions

Ministero degli Affari Esteri
e della Cooperazione Internazionale

Triennale di Milano
Viale Alemagna, 6 Milano – Italy

1. Rising water levels 2. Unfair trade 3. Antibiotics resistance 4. Waste 5. Connectivity 6. Markets 7. Nuclear waste 8. Acid rain, ecosystem erosion
9. Religion 10. Energy 11. Food security 12. Climate change 13. Agriculture 14. Recycling 15. Overfishing, food chain 16. Fast fashion 17. Globalization

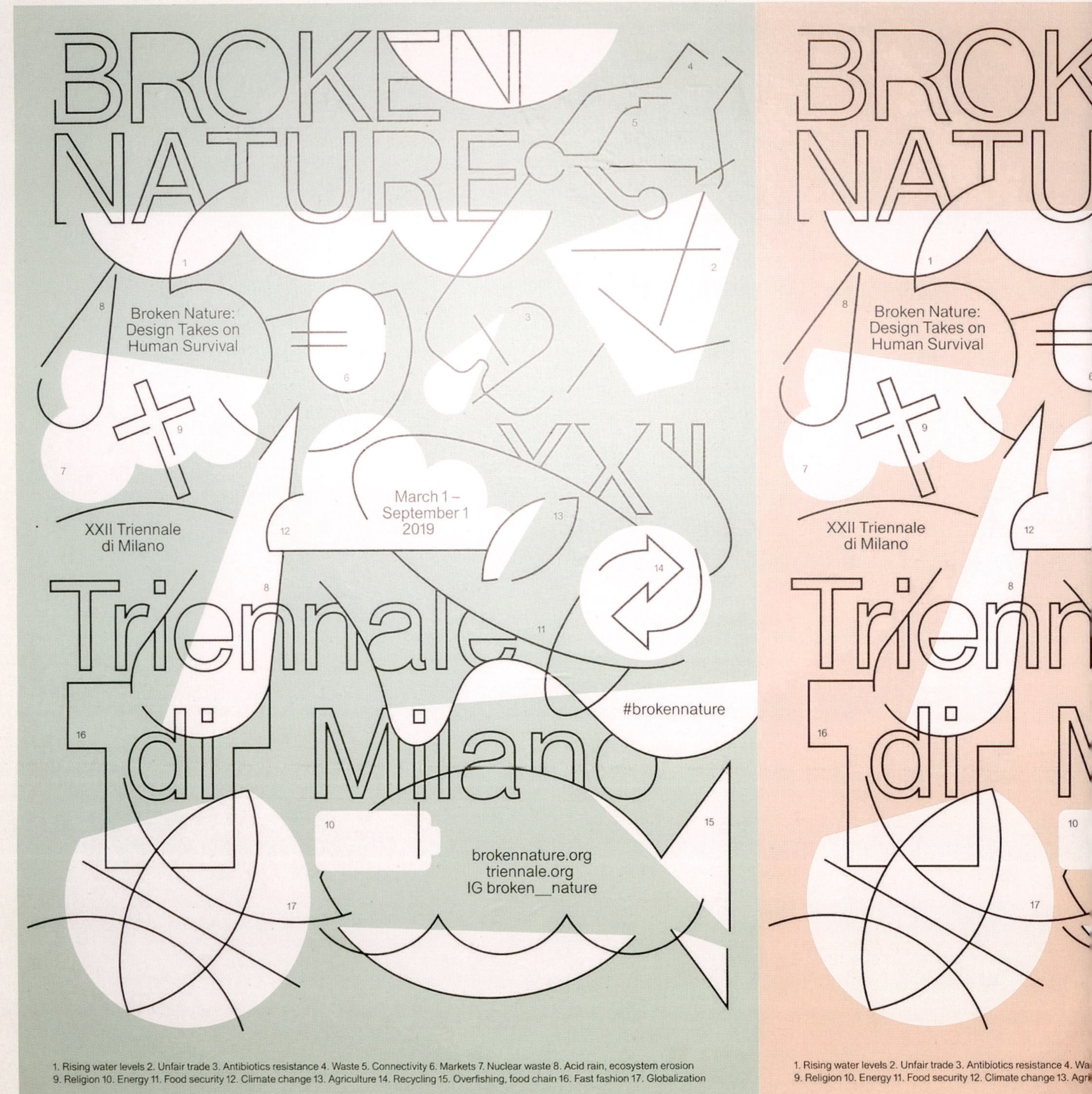

BROKEN NATURE

Broken Nature:
Design Takes on
Human Survival

XXII Triennale
di Milano

March 1 –
September 1
2019

Triennale di Milano

#brokennature

brokennature.org
triennale.org
IG broken__nature

1. Rising water levels 2. Unfair trade 3. Antibiotics resistance 4. Waste 5. Connectivity 6. Markets 7. Nuclear waste 8. Acid rain, ecosystem erosion
9. Religion 10. Energy 11. Food security 12. Climate change 13. Agriculture 14. Recycling 15. Overfishing, food chain 16. Fast fashion 17. Globalization

BROKEN NATURE
Broken Nature:
Design Takes on
Human Survival
XXII Triennale
di Milano
March 1 –
September 1
2019
Triennale
di Milano
#brokennature
brokennature.org
triennale.org
IG broken__nature
Unfair trade 3. Antibiotics resistance 4. Waste 5. Connectivity 6. Markets 7. Nuclear waste 8. Acid rain, ecosystem erosion
Food security 12. Climate change 13. Agriculture 14. Recycling 15. Overfishing, food chain 16. Fast fashion 17. Globalization
6. Markets 7. Nuclear waste 8. Acid rain, e
15. Overfishing, food chain 16. Fast fash

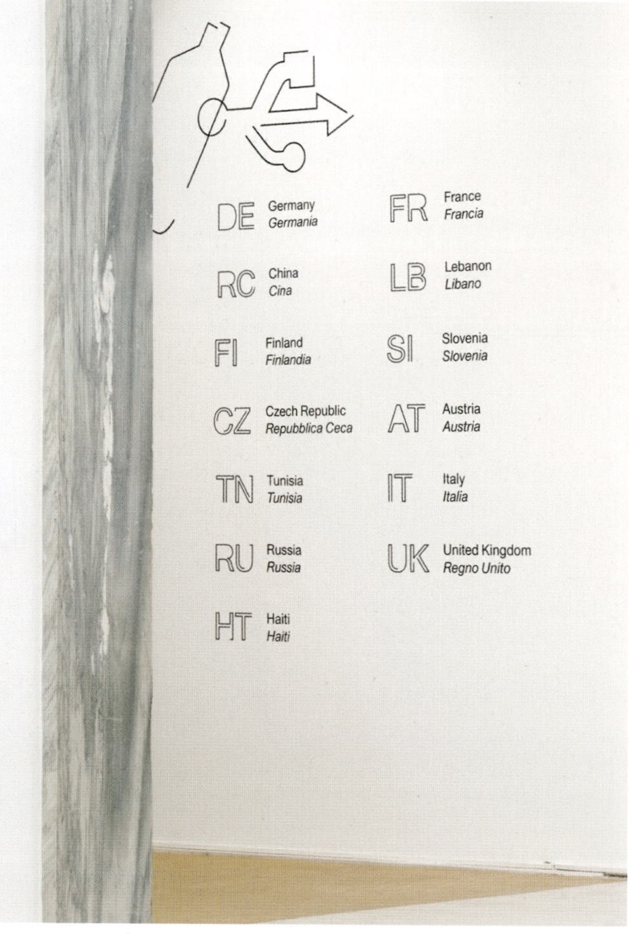

DE Germany / Germania
RC China / Cina
FI Finland / Finlandia
CZ Czech Republic / Repubblica Ceca
TN Tunisia / Tunisia
RU Russia / Russia
HT Haiti / Haiti
FR France / Francia
LB Lebanon / Libano
SI Slovenia / Slovenia
AT Austria / Austria
IT Italy / Italia
UK United Kingdom / Regno Unito

International
Participations

Partecipazioni
Internazionali

Fondation Cartier
ontemporain, Paris
Crescent Meadow
Crescent Meadow
Mungwezi Ranch
Mungwezi Ranch
BROKEN
XXII Trienn

estra
NATURE
Te di Milano
XXII International Exhibition of L
March 1– September 1, 2019
Curator
Paola Antonelli
Curatorial Team
Ala Tannir
Laura Maeran
Erica Petrillo
with Laurie Mandin
Advisory Committee
Adam Bly
Rania Ghosn
Alexandra Daisy Ginsberg
Gabriella Gómez-Mont
Jamer Hunt
Sarah Ichioka
Koyo Kouoh
Stefano Micelli
Maholo Uchida
Coordination
Laura Agnesi
International Rela
Marco Sammich
Research Contrit
Azzurra Muzzon
Graphic Design
Anna Kulachek
Exhibition Desig
Studio Folder
(Marco Ferrari a
Elisa Pasqual w
Grazia Mappa,
and
Matilde Cassan
(with Leonardo
Guglielmo Cam
Triennale
Milano

NGVARTBOOKFAIR.COM
MELBOURNE
ART BOOK
FAIR
NGV
13–15
MARCH

NGVARTBOOKFAIR.COM
NGVARTBOOKFAIR.COM
MELBOURNE
MELBOURNE
NGV
ART BOOK
FAIR
ART BOOK
FAIR
13–15
MARCH
13–15
MARCH
NGVARTBOOKFAIR.COM
NGVARTBOOKFAIR.COM
MELBOURNE
MELBOURNE
ART BOOK
FAIR
ART BOOK
FAIR
13–15
MARCH
13–15
MARCH

NGVARTBOOKFAIR.COM
NGVARTBOOKFAIR.COM
MELBOURNE
ART BOOK
FAIR
MELBOURNE
ART BOOK
FAIR
NGV
13–15
MARCH
13–15
MARCH
NGVARTBOOKFAIR.COM
NGVARTBOOKFAIR.COM
MELBOURNE
ART BOOK
FAIR
MELBOURNE
ART BOOK
FAIR
13–15
MARCH
13–15
MARCH

NGVARTBOOKFAIR.COM
MELBOURNE
NGV
ART BOOK FAIR
13–15 MARCH

WHAT GOES AROUND
COMES AROUND
善有善报恶有恶报
善有善报恶有恶报
WHAT GOES AROUND
COMES AROUND

ICON
DESIGN
100 TALENTI DEL 2019 NEL MONDO DEL PROGETTO
IT – € 4,50

EKIPA

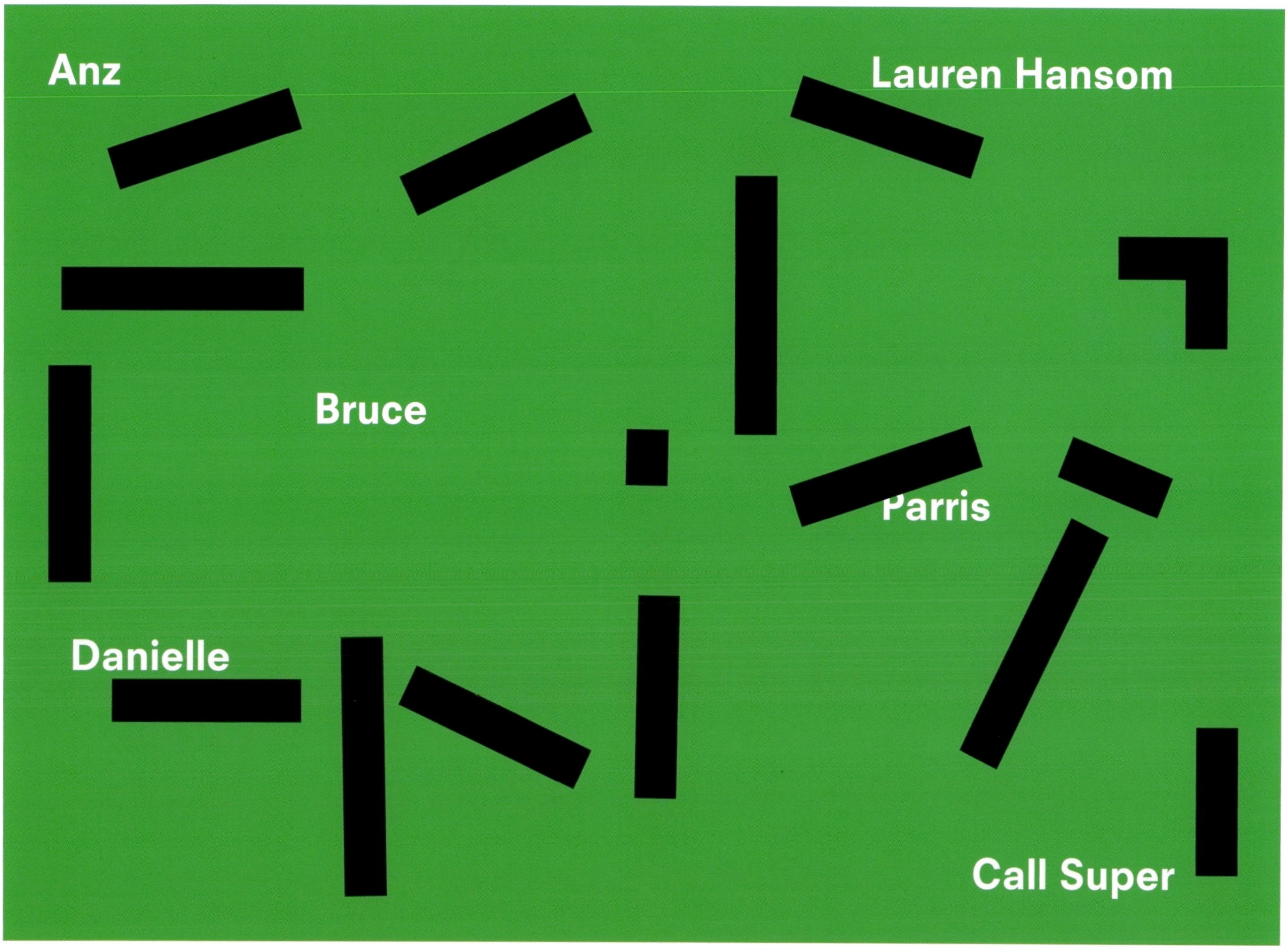

Anz
Lauren Hansom
Bruce
Parris
Danielle
Call Super

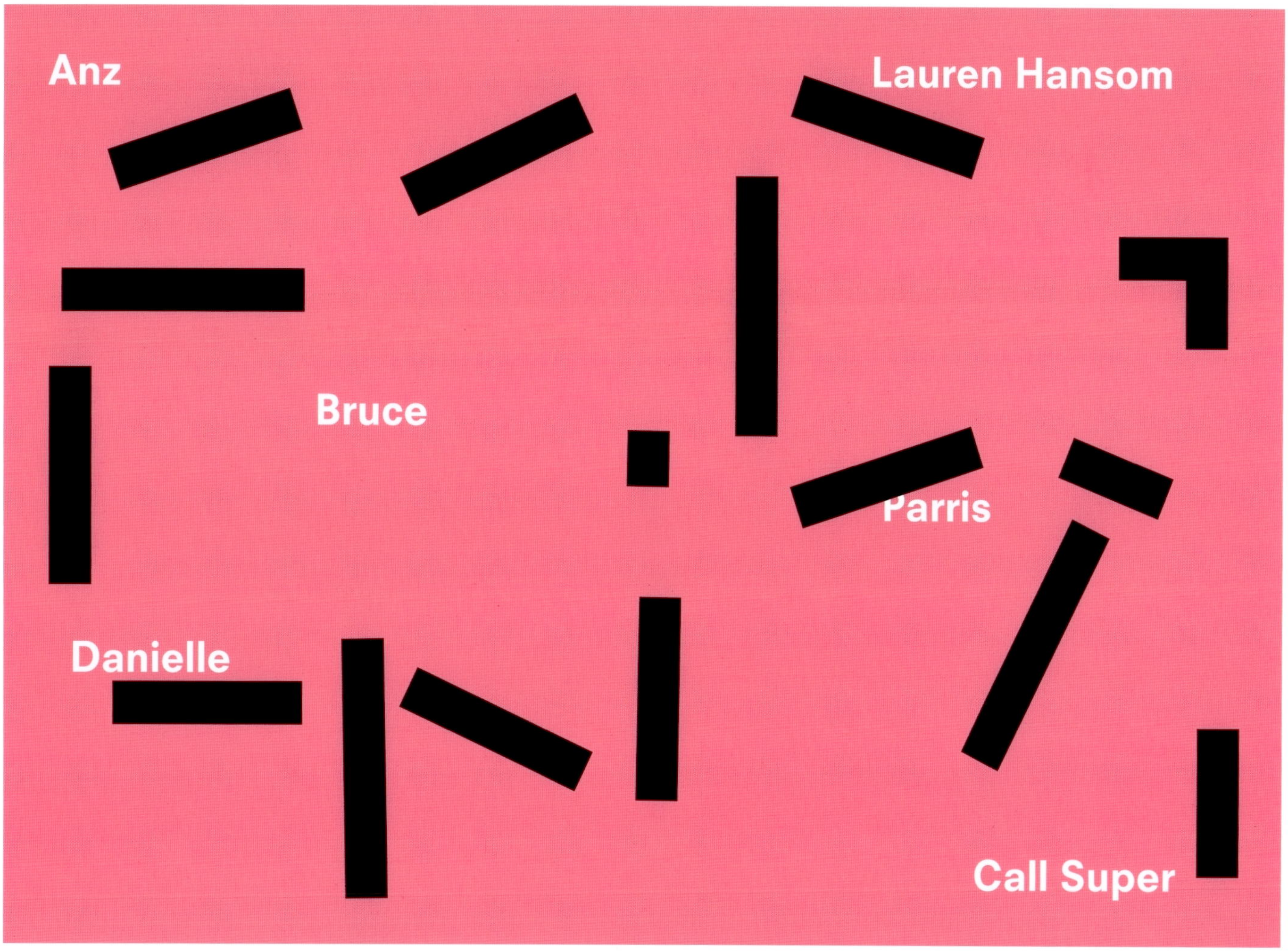

Anz
Lauren Hansom
Bruce
Parris
Danielle
Call Super

Explore
museum of arts and design
Brian Clarke: The Art of Light
Beth Lipman: Collective Elegy
45 Stories in Jewelry
BARBARA TOBER
GRAND ATRIUM

Explore
museum of arts and design
Brian Clarke: The Art of Light
Beth Lipman: Collective Elegy
45 Stories in Jewelry
BARBARA TOBER
GRAND ATRIUM

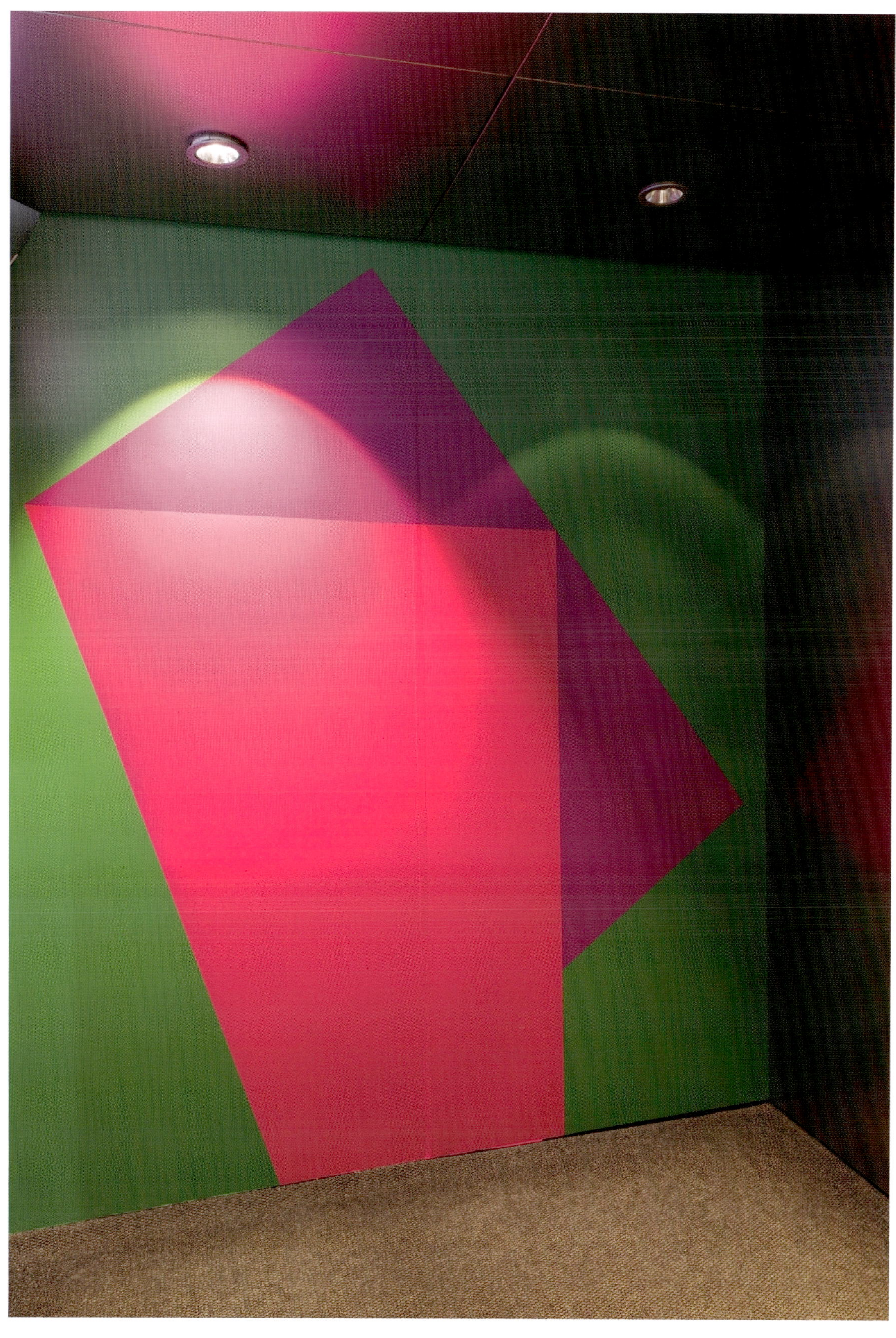

TOPYS

TOPYS.

The clothed home:
tuning
in to the
seasonal
imagination

WIEDEŃ
BUDUJE
THE MUNICIPALITY IS BUILDING
1920—2020
HOTEL CRACOVIA
WSTĘP WOLNY

ECO
Kongres
1 ECO Kongres
wykłady
panele
spotkania
instalacje naukowe
debata społeczna

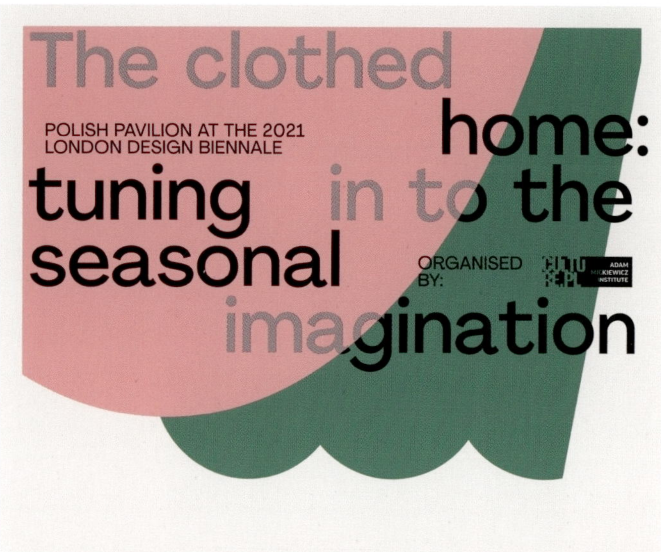

The clothed
home:
POLISH PAVILION AT THE 2021
LONDON DESIGN BIENNALE
tuning
in to the
seasonal
ORGANISED BY:
imagination
ADAM MICKIEWICZ INSTITUTE

The clothed
home:
POLISH PAVILION AT THE 2021
LONDON DESIGN BIENNALE
tuning
in to the
seasonal
imagination
ORGANISED BY:
ADAM MICKIEWICZ INSTITUTE

The clothed
home:
POLISH PAVILION AT THE 2021
LONDON DESIGN BIENNALE
tuning
in to the
seasonal
imagination
ORGANISED BY:
ADAM MICKIEWICZ INSTITUTE

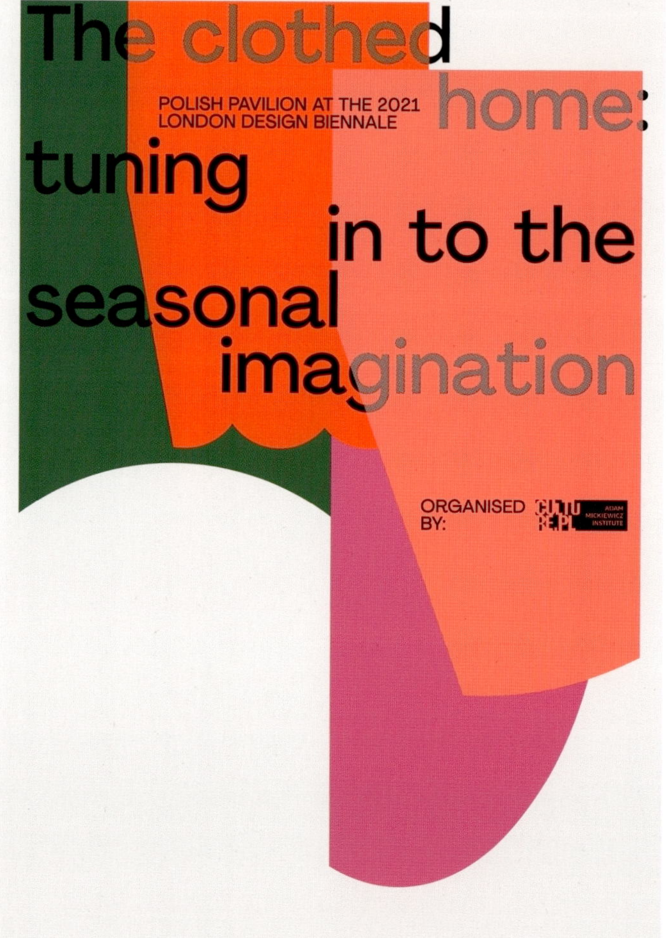

The clothed
home:
POLISH PAVILION AT THE 2021
LONDON DESIGN BIENNALE
tuning
in to the
seasonal
imagination
ORGANISED BY:
ADAM MICKIEWICZ INSTITUTE

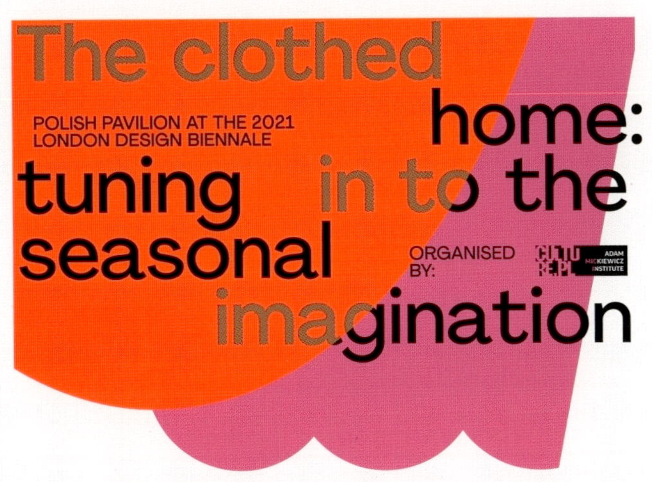

The clothed
home:
tuning in to the
seasonal
imagination
POLISH PAVILION AT THE 2021
LONDON DESIGN BIENNALE
ORGANISED BY:
ADAM
MICKIEWICZ
INSTITUTE

The clothed
home:
tuning in to the
seasonal
imagination
POLISH PAVILION AT THE 2021
LONDON DESIGN BIENNALE
ORGANISED BY:
ADAM
MICKIEWICZ
INSTITUTE

The clothed
home:
tuning in to the
seasonal
imagination
POLISH PAVILION AT THE 2021
LONDON DESIGN BIENNALE
ORGANISED BY:
ADAM
MICKIEWICZ
INSTITUTE

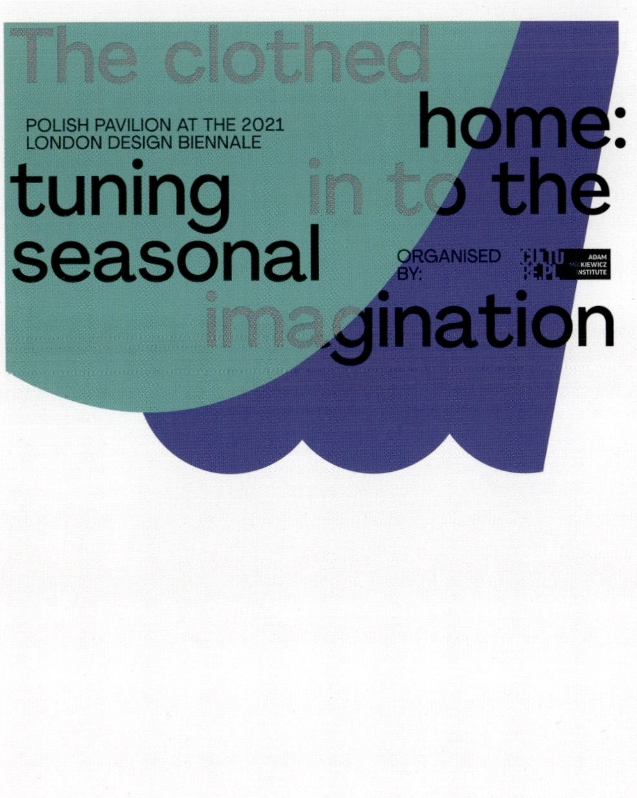

The clothed
home:
tuning in to the
seasonal
imagination
POLISH PAVILION AT THE 2021
LONDON DESIGN BIENNALE
ORGANISED BY:
ADAM
MICKIEWICZ
INSTITUTE

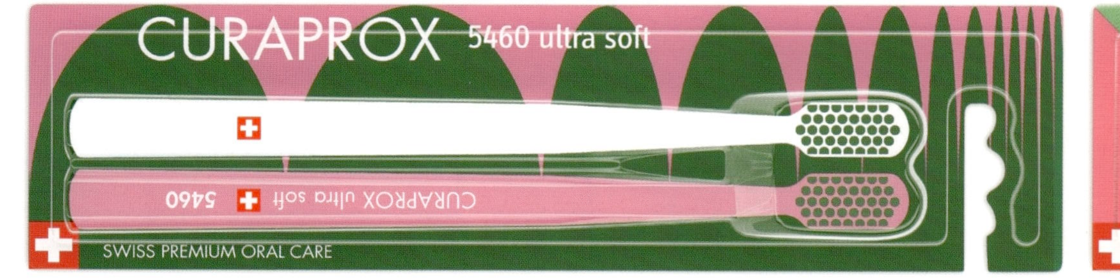
CURAPROX 5460 ultra soft
CURAPROX ultra soft 5460
SWISS PREMIUM ORAL CARE

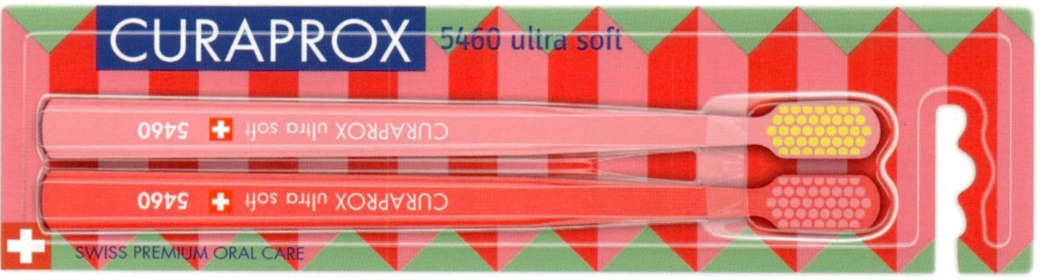
CURAPROX 5460 ultra soft
CURAPROX ultra soft 5460
CURAPROX ultra soft 5460
SWISS PREMIUM ORAL CARE

CURAPROX 5460 ultra soft
CURAPROX ultra soft 5460
CURAPROX ultra soft 5460
SWISS PREMIUM ORAL CARE

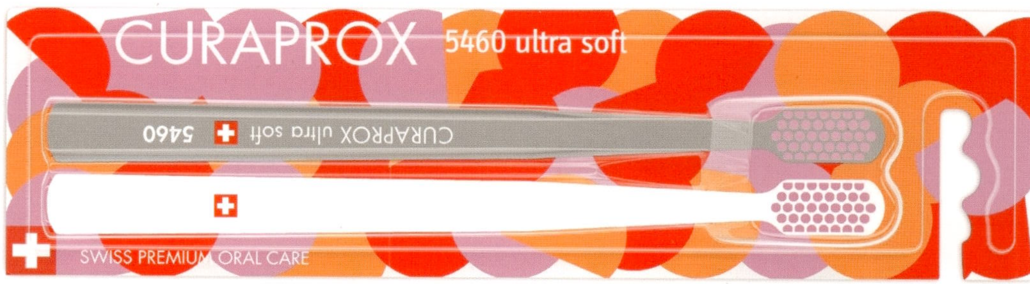
CURAPROX 5460 ultra soft
CURAPROX ultra soft 5460
SWISS PREMIUM ORAL CARE

CURAPROX 5460 ultra soft
CURAPROX ultra soft 5460
CURAPROX ultra soft 5460
SWISS PREMIUM ORAL CARE

CURAPROX 5460 ultra soft
CURAPROX ultra soft 5460
CURAPROX ultra soft 5460
SWISS PREMIUM ORAL CARE

CURAPROX 5460 ultra soft
CURAPROX ultra soft
5460
CURAPROX ultra soft
5460
SWISS PREMIUM ORAL CARE
Summer Edition ▲ A. Kulachek

EXPERIMENT

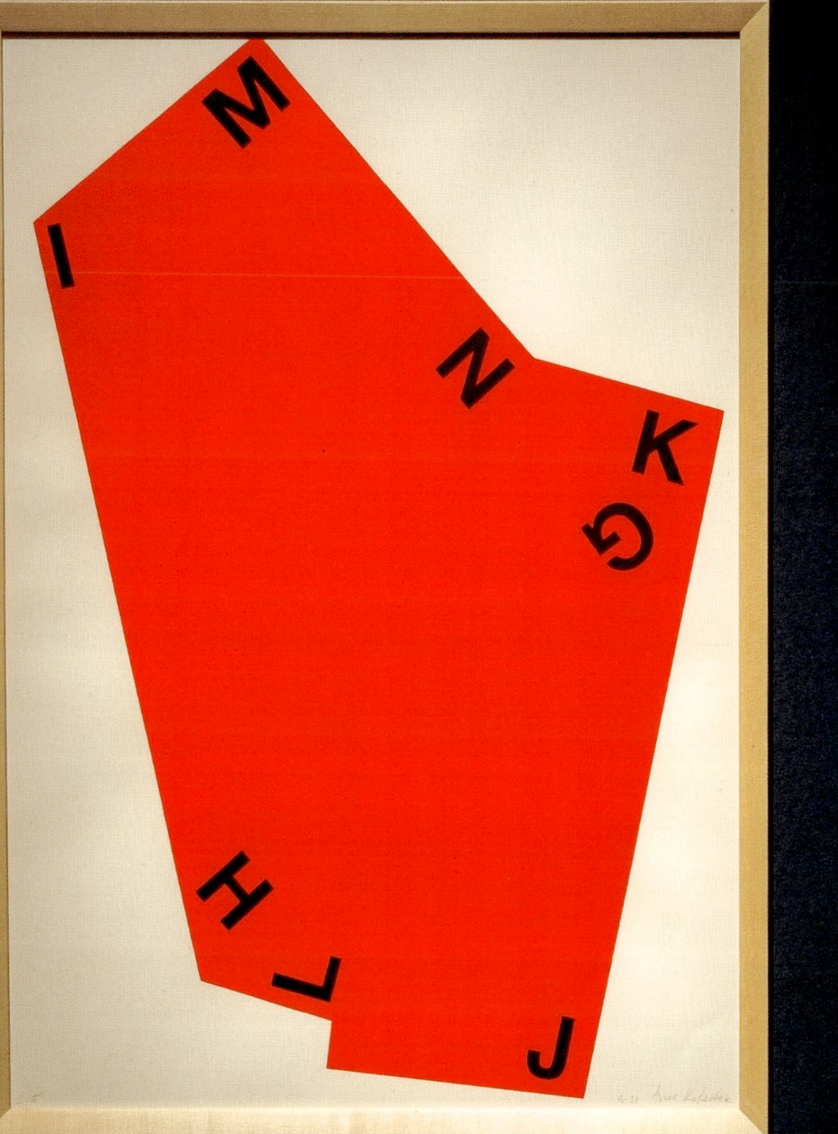

SAFEGUARDING THE IRREPLACEABLE: A SELLING EXHIBITION TO BENEFIT
THE UKRAINE HERITAGE RESPONSE FUND AT WORLD MONUMENTS FUND

ANNA KULACHEK (B. 1987, DONETSK)
Screen Printing - Red, 2021

in parallel with commercial work, I always dedicate time to personal experimentation. I enjoy working with a variety of materials, including paper, tape, silkscreen, and plastic. Through this creative exploration, I discover unique tools and techniques that often enrich my client work. These materials allow me to develop a distinct perspective, setting my work apart while providing a creative 'safety net' for urgent tasks. Beyond the practical benefits, this personal experimentation brings me immense joy—it's my own creative playground.

The pieces for the exhibition and auction at Christie's were born from a similar experiment. I created these screen prints during my visit to Kyiv, Ukraine, for the last time, just two months before the war began. I had a couple of free weeks and thought, 'why not try screen printing?' It was something I had always wanted to do. Without much time to plan, I decided to use my paper folds in varying sizes and materials as the basis for the prints. Who would have thought then that in two months' time the war would start. I was later invited to participate in the Christie's auction and exhibition in support of Ukraine.

M
I
N
K
G
H
L
J

U
N
V
X
W

Q T R
S O
P

B A
F
D
C E

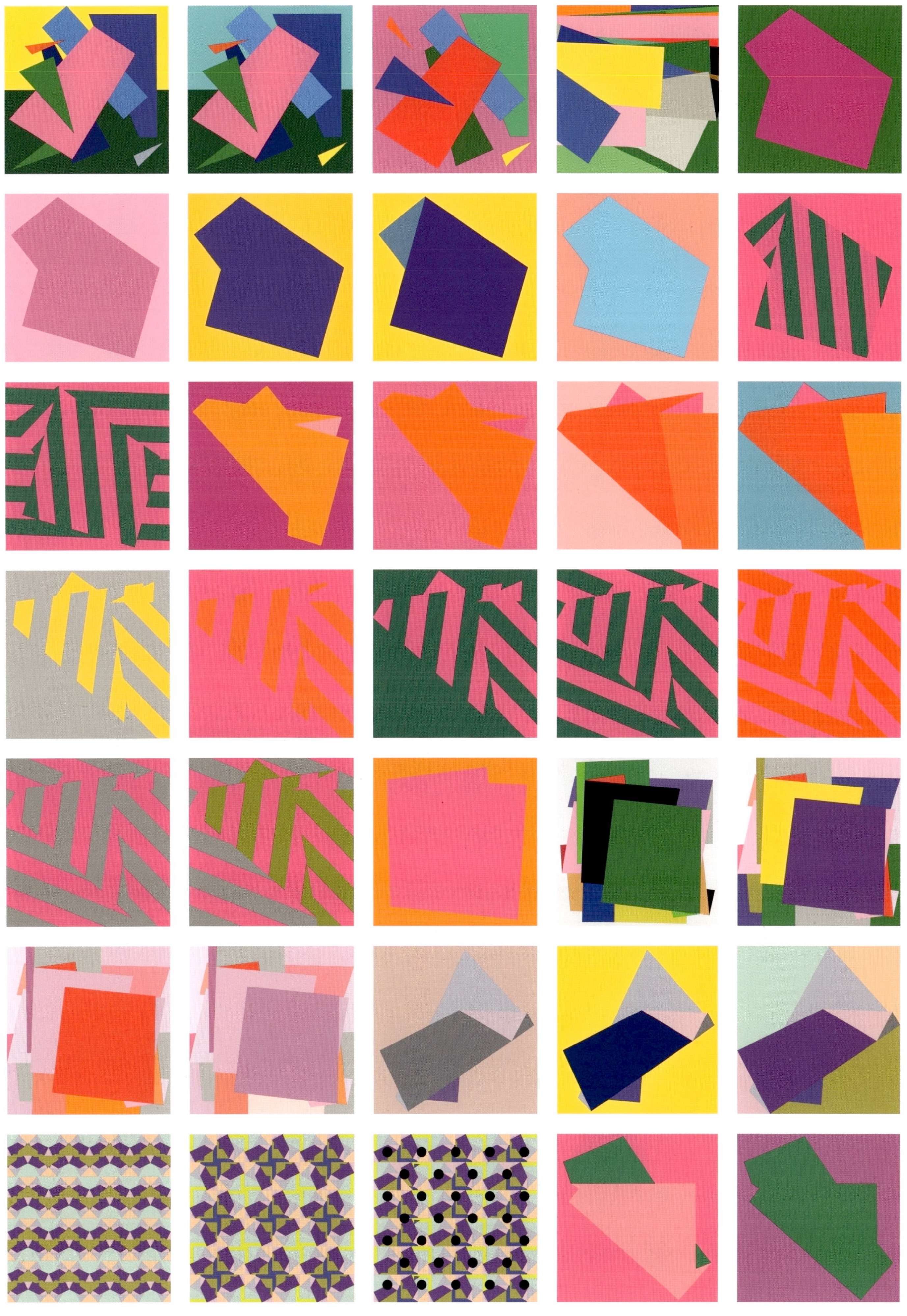

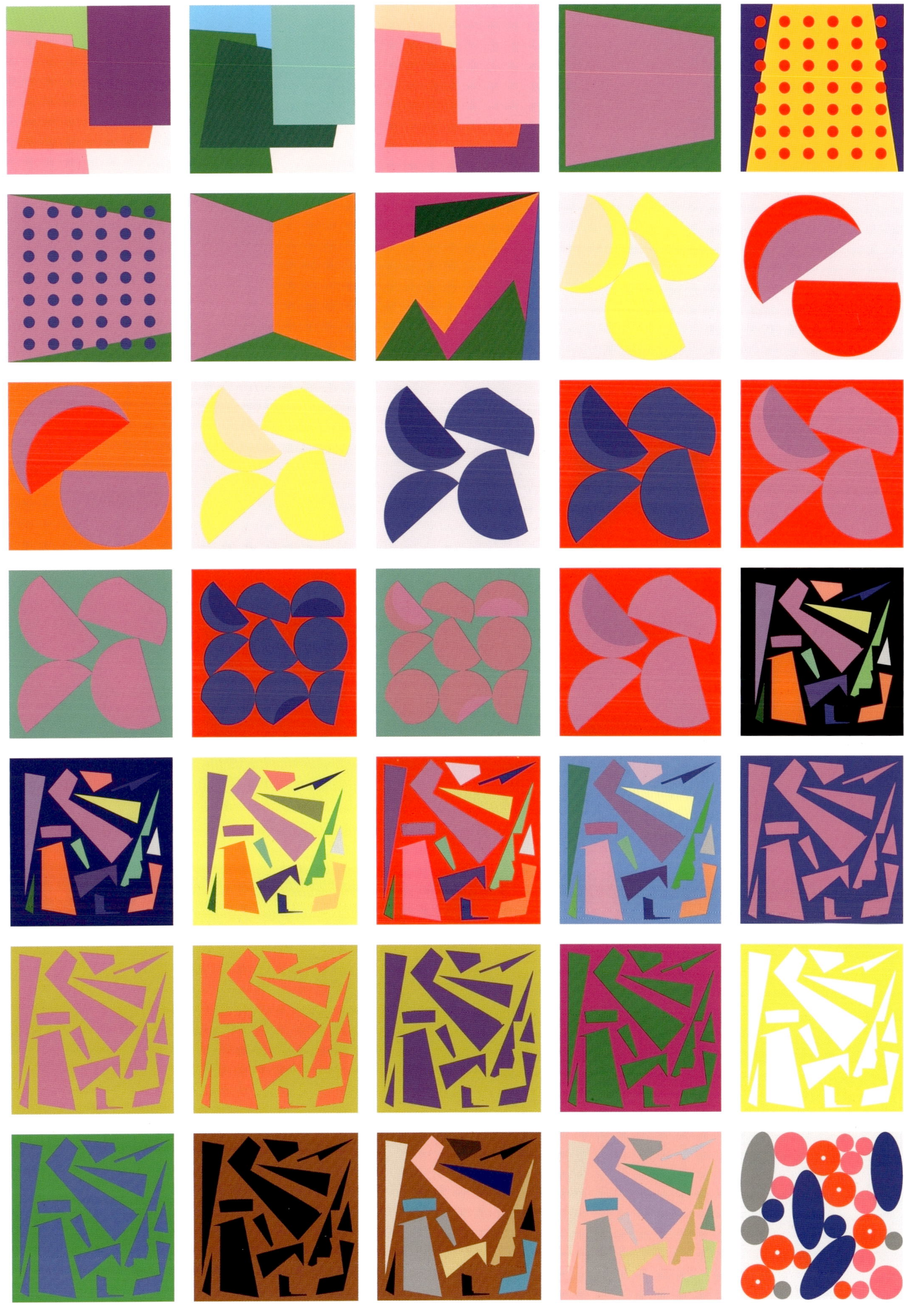

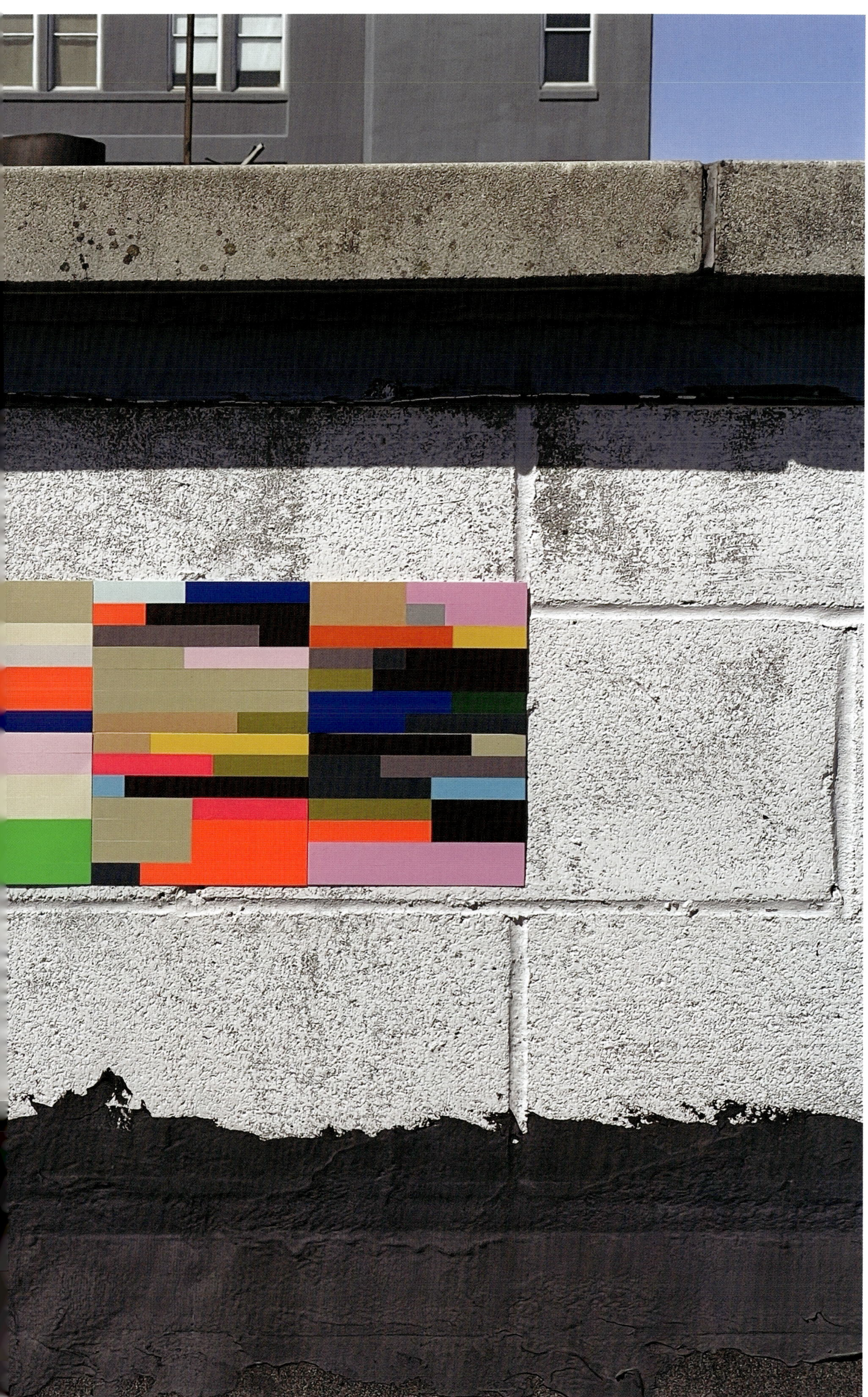

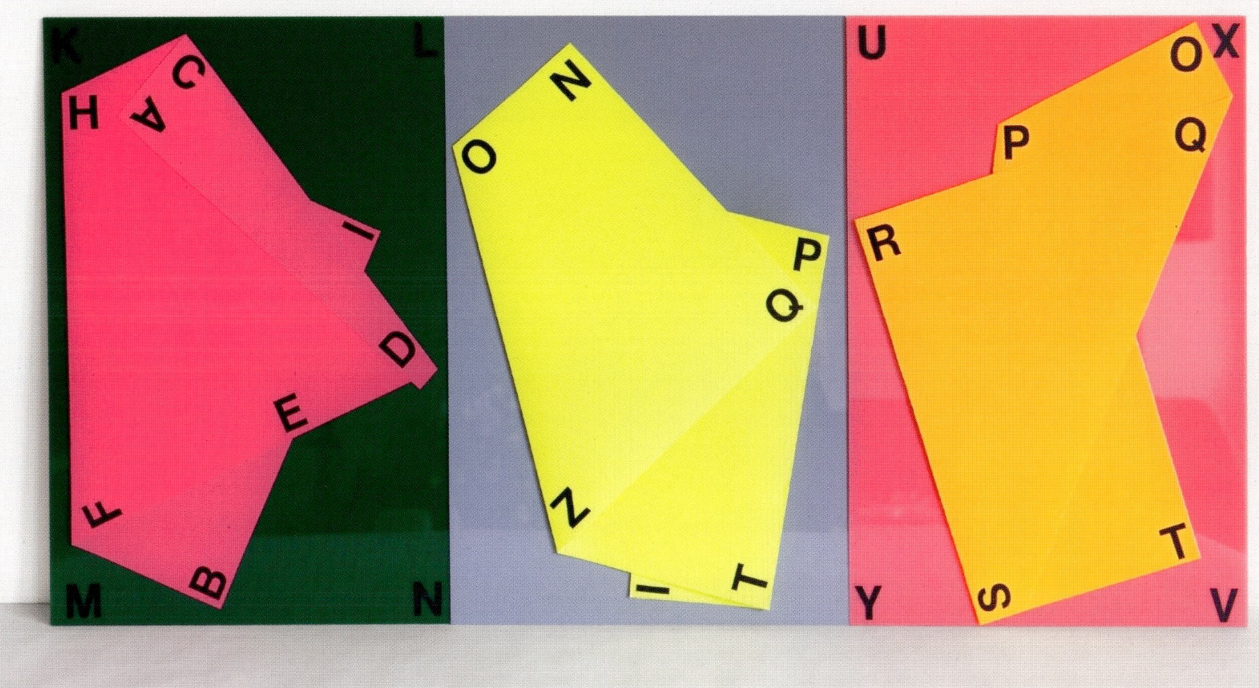
K
H
A C
B
I
D
E
M F
L
N
O
N
P
Q
N
I T
U
X
O
P
Q
R
Y S
T
V

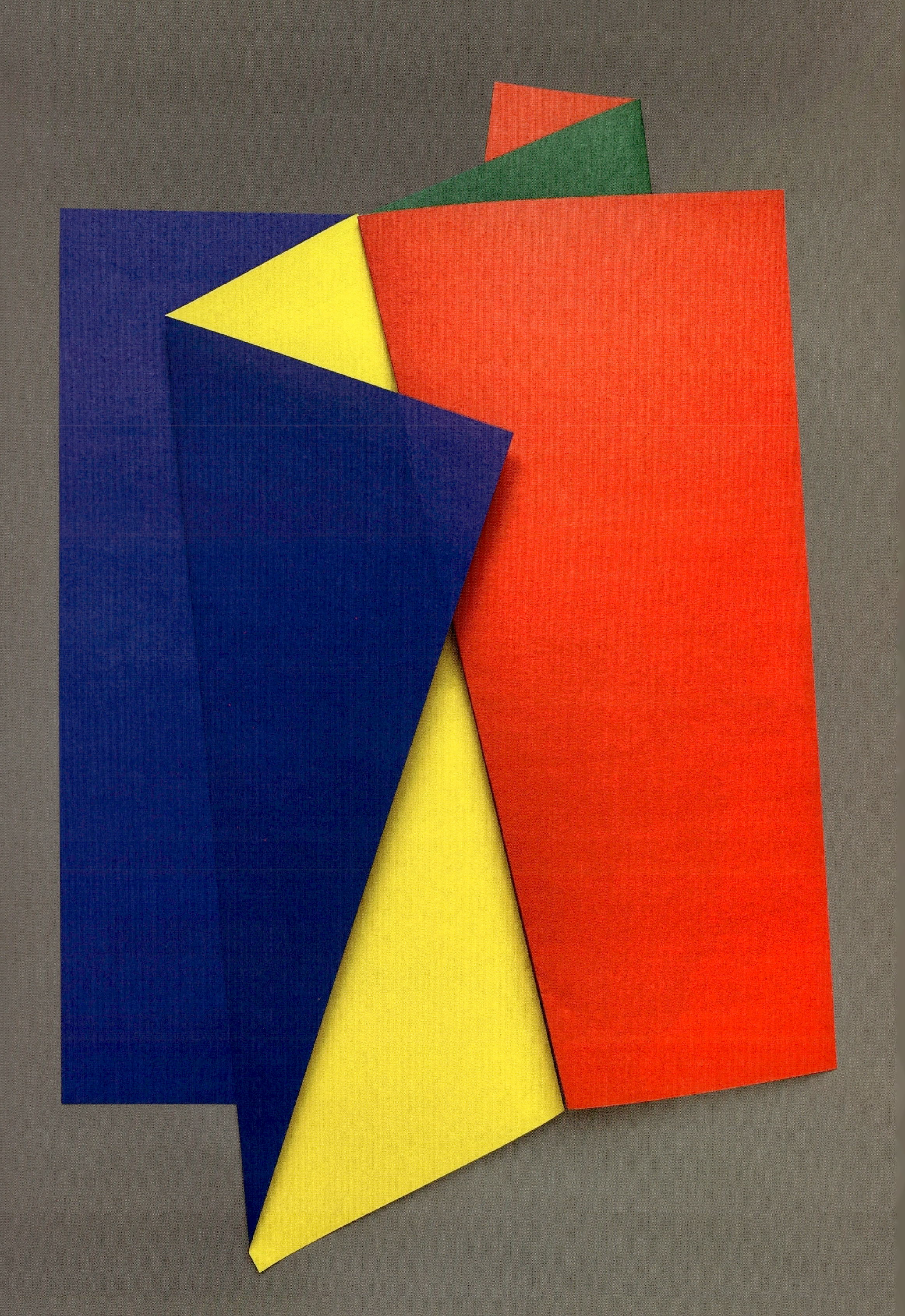

KULACHEK
KULACHEK
QTRSOP
KULACHEK

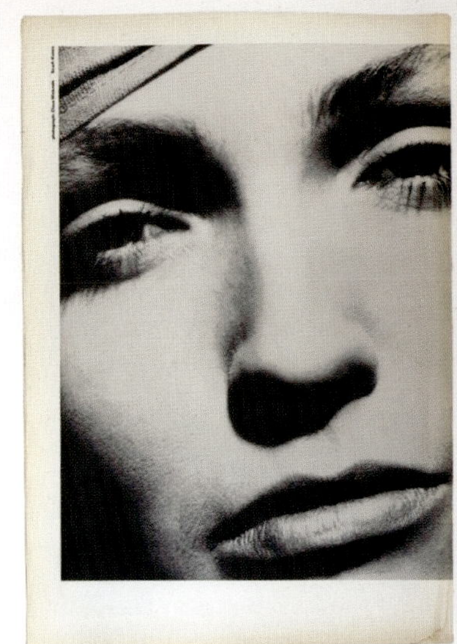

KULACHEK

KULACHEK

FISH

最終的に輸出となる物品の消費税免税購入についての購入者誓約書
Covenant of Purchaser of Consumption Tax-Exempt Commodities for Ultimate Export

・下記の一般物品を、日本から最終的には輸出するものとして購入し、日本で処分しないことを誓約します。
I certify that the goods listed as "Non consumable commodities" on this card were purchased by me for ultimate export from Japan and will not be disposed of within Japan.

署名 Signature	旅券等の種類 Passport etc.	国籍 Nationality	購入年月日 Date of Purchase 月 Month　日 Date　年 Year	購入者氏名（活字体）Name in Full (in Block Letters)	伝票番号 Ref. No.	販売者氏名／名称 Seller's Name

品	番号 No. 号			合計 金額 Total Amount

KULACHEK

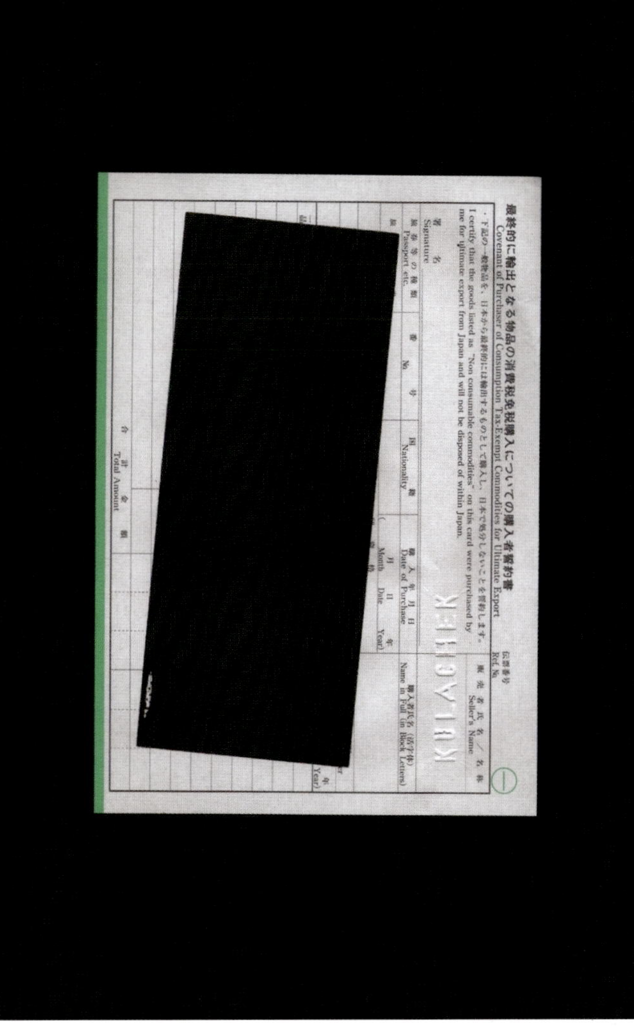

最終的に輸出となる物品の消費税免税購入者誓約書
Covenant of Purchaser of Consumption Tax-Exempt Commodities for Ultimate Export

・下記の一般物品を、日本から最終的には輸出するものとして購入し、日本で処分しないことを誓約します。
I certify that the goods listed as "Non consumable commodities" on this card were purchased by me for ultimate export from Japan and will not be disposed of within Japan.

伝票番号 Ref. No.	販 売 者 氏 名／名 称 Seller's Name
署 名 Signature	
旅券等の種類 Passport etc.	番 号 No.	国 籍 Nationality	購 入 年 月 日 Date of Purchase（ 月 Month　日 Date　年 Year）	購入者氏名（活字体）Name in Full (in Block Letters)
				KULACHEK
合 計 金 額 Total Amount				

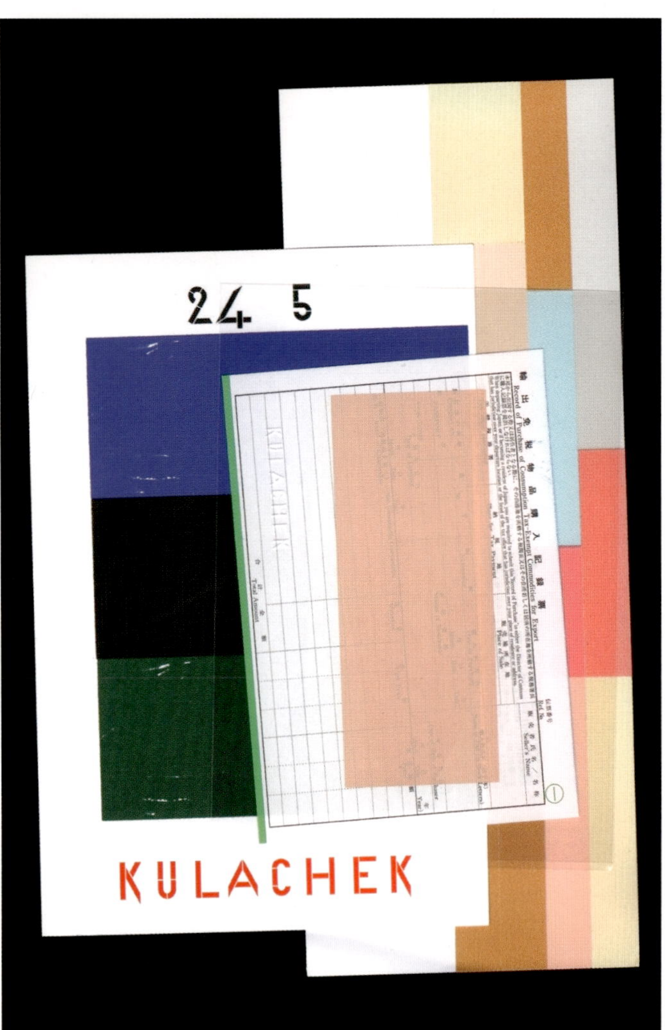

24 5
KULACHEK

23 4
KULACHEK

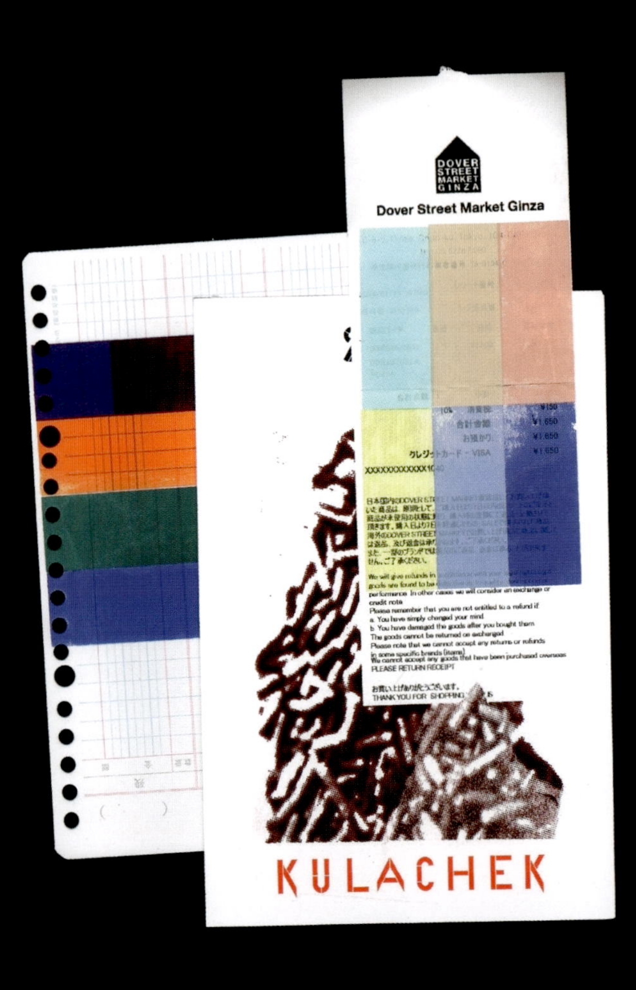

DOVER
STREET
MARKET
GINZA
Dover Street Market Ginza
KULACHEK

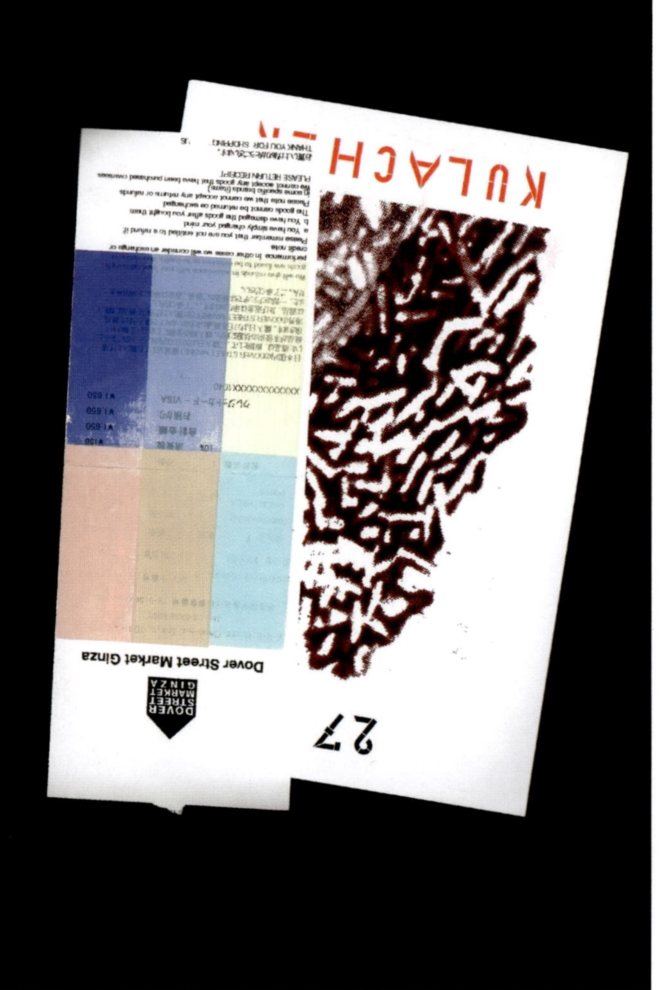

KULACH
Dover Street Market Ginza
DOVER
STREET
MARKET
GINZA
27

KULACHER
15 12

KULACHEK
KULACHEK
KULACHEK
KULACHEK
KULACHEK
KULACHEK
KULACHEK
KULACHEK
KULACHEK
KULACHEK
KULACHEK
KULACHEK
KULACHEK
KULACHEK
KULACHEK
KULACHEK

KULACHEK
KULACHEK
KULACHEK
KULACHEK
KULACHEK
KULACHEK
KULACHEK
KULACHEK
KULACHEK
KULACHEK
KULACHEK
KULACHEK
KULACHEK
KULACHEK
KULACHEK
KULACHEK

15 8
KULACHEK
11
KULACHEK
18 6
KULACHEK
18 8
KULACHEK
19 6
KULACHEK
15 12
KULACHEK
19 10
KULACHEK
19 12
KULACHEK
20 9
KULACHEK
20 10
KULACHEK
18 12
KULACHEK
21 1
KULACHEK
21 9
KULACHEK
22 1
KULACHEK
22 8
KULACHEK
22 11
KULACHEK

KULACHEK
KULACHEK
KULACHEK
KULACHEK
KULACHEK
KULACHEK
KULACHEK
KULACHEK
KULACHEK
KULACHEK
KULACHEK
KULACHEK
KULACHEK
KULACHEK
KULACHEK
KULACHEK

KULACHEK

236
KULACHEK